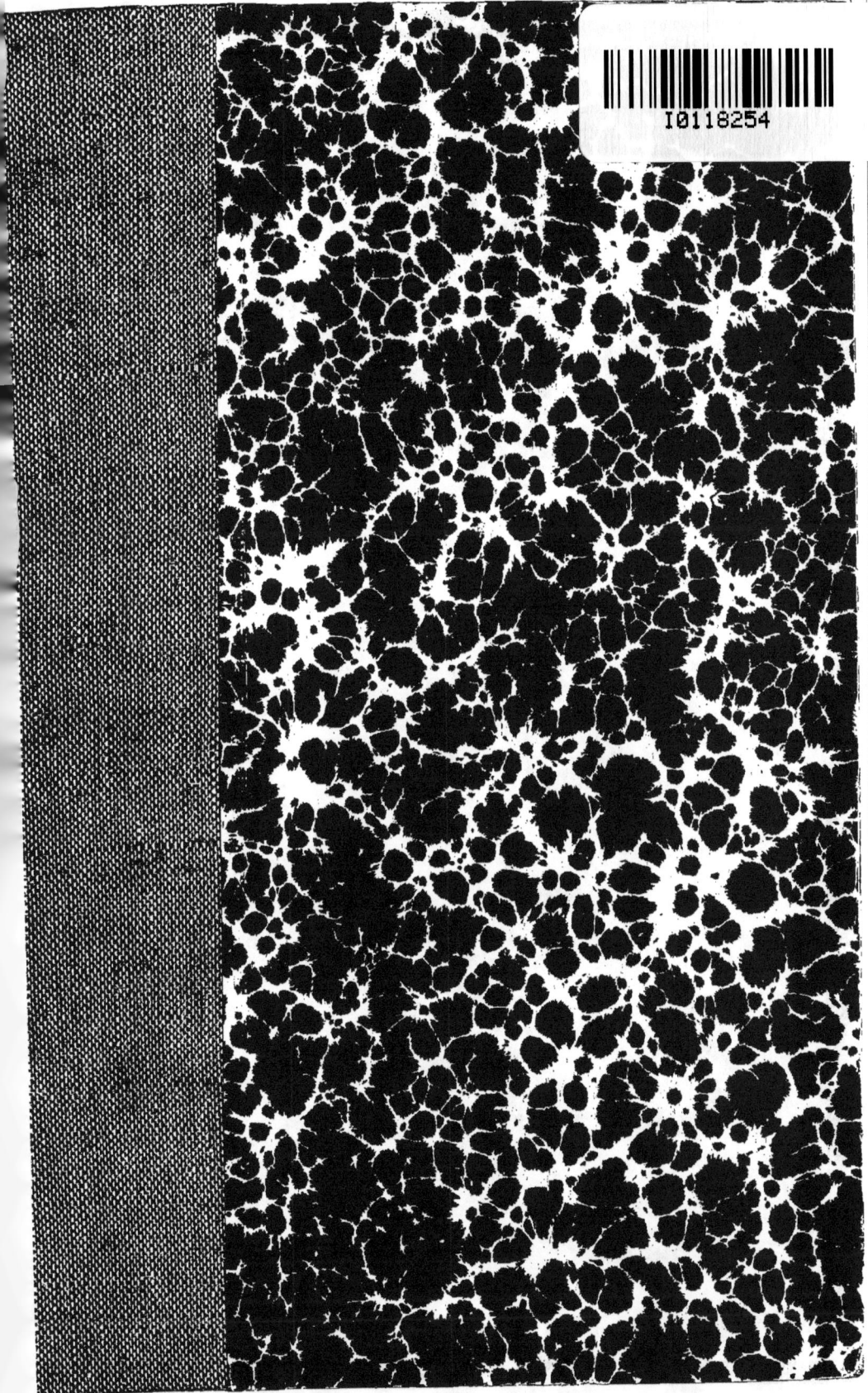

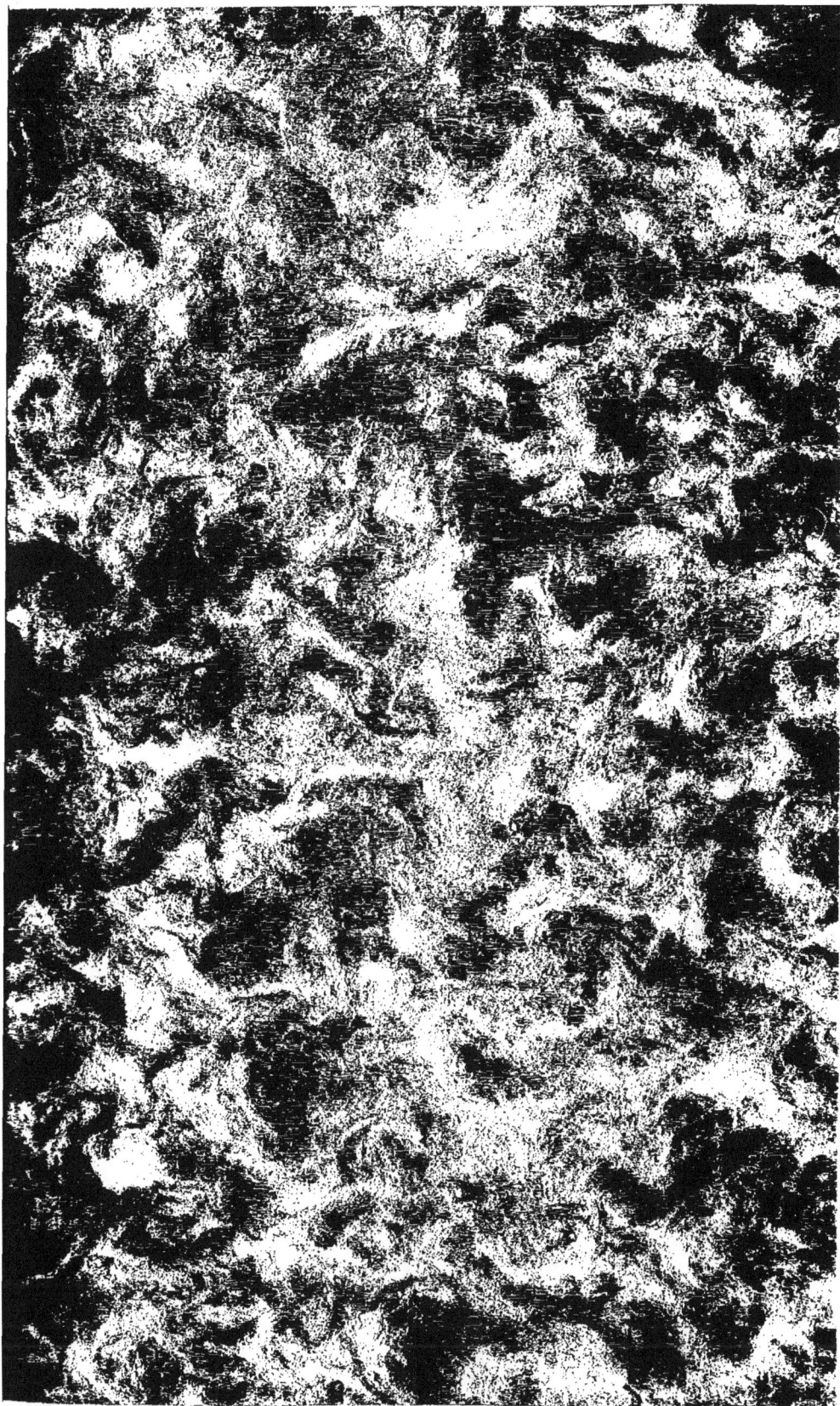

R.LAUB 1964

LA

# Protection Internationale

## DES TRAVAILLEURS

EN CE QUI CONCERNE

## L'Assurance et la Prévoyance Sociale

*Étude de Droit International public et privé*

PAR

### René DUPRÉ

Docteur en Droit
Avocat à la Cour d'Appel
Lauréat de la Faculté de Droit de Paris

PARIS

V. GIARD ET E. BRIÈRE

LIBRAIRES-ÉDITEURS

16, RUE SOUFFLOT ET 12, RUE TOULLIER

1909

LA

# Protection Internationale
## DES TRAVAILLEURS

EN CE QUI CONCERNE

# L'Assurance et la Prévoyance Sociale

*Étude de Droit International public et privé*

PAR

### René DUPRÉ

Docteur en Droit
Avocat à la Cour d'Appel
Lauréat de la Faculté de Droit de Paris

PARIS

V. GIARD ET E. BRIÈRE

LIBRAIRES-ÉDITEURS

16, RUE SOUFFLOT ET 12, RUE TOULLIER

1909

# La Protection Internationale des Travailleurs

## EN CE QUI CONCERNE

## l'Assurance et la Prévoyance sociale

## INTRODUCTION

Dans le rapport qui précède le décret du 25 octobre 1906, créant le ministère du Travail et de la Prévoyance Sociale, on lit : « [Le ministère du Travail] doit chercher à ménager au travailleur, qui n'a à sa disposition que sa force de travail, les moyens de subsister, quand celle-ci vient à faire défaut momentanément ou définitivement...

« ... Il doit grouper tout ce qui concerne... *b*) Les conditions d'existence des travailleurs en cas de maladie, d'accidents du travail, de chômage, d'invalidité, de vieillesse et, en général, les institutions d'épargne et de prévoyance qui les intéressent plus particulièrement. »

Dupré

C'est bien là l'idée générale que l'on peut se faire de l'assurance et de la prévoyance sociales.

Les institutions d'assurance et de prévoyance sociales sont celles, en effet, qui tendent à assurer au travailleur (en entendant ce mot dans le sens le plus large) la sécurité de l'avenir contre tous les risques sociaux.

Ainsi le placement, comme toute autre forme d'assurance, ne fait que parer à un risque spécial : le chômage, qui ne se distingue des autres risques que par son caractère professionnel.

L'épargne également n'est qu'une forme de l'assurance : c'est même la plus générale de toutes, car c'est celle qui, à raison de son caractère indéfini, a pour but de pourvoir à tous les risques, à tous les imprévus de la vie, ou, si l'on préfère, c'est l'assurance contre le risque qui embrasse tous les autres et auquel tous les autres aboutissent : la misère (1).

.·.

Nous ne faisons pas entrer dans le groupe de ces institutions : l'assistance, car elle est essentiellement différente de la prévoyance et de l'assurance.

L'assistance s'adresse précisément à l'homme qui n'a su ni prévoir, ni épargner. Dans l'assurance et dans la prévoyance, celui qui reçoit a déjà donné quelque

---

1. Ch. Gide. *Economie sociale*, p. 28-29.

chose ; dans l'assistance il n'a rien donné : c'est la société seule qui vient à son secours.

En d'autres termes, l'assistance s'adresse à ceux que l'on peut « considérer comme les déchets inhérents à toute entreprise humaine, et faire rentrer dans les frais généraux de la fabrique sociale » (1).

*
* *

Depuis une vingtaine d'années, un courant irrésistible pousse toutes les législations, aussi bien européennes qu'américaines, dans la voie de la réglementation du travail et de l'assurance et de la prévoyance sociales. Notre intention n'est pas d'étudier ici ce mouvement au point de vue de ses conséquences sociales ; notre but est plus spécial et il est aussi d'ordre plus juridique.

Ce qu'il y a en effet de remarquable dans ces différentes lois sociales édictées par des législateurs différents, c'est leur affinité croissante. L'observation en a déjà été faite (2) ; on a fait remarquer que les lois ouvrières sont loin de représenter, à l'heure actuelle, un caractère aussi nettement particulariste que les lois civiles. Ecloses d'hier, sous l'empire de nécessités

---

1. Gide, *op. cit.*, p. 29.
2. V. notamment Paul Pic. *Législation industrielle*, 3ᵉ édition, p. 99 et suiv., n° 167.

sociales communes à tous les pays industriels, la
législation sociale récente affecte dès aujourd'hui un
caractère de généralité que peu de lois possèdent au
même degré. On peut déjà parler en cette matière de
droit commun européen (1), et cela en dehors de
toute entente formelle.

Il n'entre pas dans notre sujet de rechercher ici les
causes de cette affinité croissante, causes qui sont du
reste multiples. Ce que nous voulons en retenir, c'est
cette évolution dans le sens de l'internationalisation
des lois ouvrières qui nous paraît à la fois nécessaire
et facilement réalisable dans la matière qui nous occupe.

Toutes les lois relatives à l'assurance et à la prévoyance sociales n'ont pu se désintéresser de la condition des ouvriers étrangers : la pénétration internationale ouvrière est telle aujourd'hui, surtout entre pays
limitrophes, que le législateur ferait preuve d'une rare
imprévoyance, s'il ne se préoccupait pas de la question
des ouvriers ou employés étrangers.

D'autre part, ces différentes lois, précisément à raison
de leur but, revêtent toutes, nous le verrons, un caractère nettement d'ordre public ; les conflits de loi sont
par cela même facilités dans leur solution nationale,

--------

1. Pic, *op. et loc cit.* — V. aussi l'article du même auteur: *Rev. droit
intern. privé*, 1905, p. 259.

par rapport à l'Etat qu'ils préoccupent, mais ils restent irréductibles pour la plupart dans leur solution internationale, et cela, au grand dommage des intéressés.

Comme, d'autre part, toute cette législation est surtout d'ordre administratif et réglementaire, le rôle des tribunaux se trouve assez restreint dans la solution de ces conflits, et on est amené nécessairement à se demander si un recours à des conventions internationales n'est pas absolument nécessoire.

C'est cet objet très particulier qui fera le sujet de cette thèse : recherche de la condition des ouvriers ou employés étrangers et recherche d'une solution des conflits de loi susceptibles de s'élever en matière d'assurance et de prévoyance sociales, solution qui pourra se baser soit sur les principes généraux du droit international privé, soit par le recours à des conventions nternationales.

Nous croyons pouvoir affirmer que, en pareille matière, sauf l'exception capitale du traité de travai franco-italien du 15 avril 1904, rien n'a encore été tenté, du moins d'une manière méthodique et d'ensemble.

Cependant, en une matière toute voisine, en matière de réglementation de travail, de grands efforts et de réels progrès ont été réalisés (1). Depuis la Conférence

1. V. sur ces points Pic, *op.*, *cit.*, p. 102 et suiv., avec la nombreuse bibliographie qu'il cite. — Métin. *Les traités ouvriers.*

internationale de Berlin des 15-25 mars 1890, convoquée par Guillaume II pour étudier les bases d'une réglementation internationale du travail des femmes et des enfants, et du travail dans les mines, depuis surtout le Congrès de Paris tenu en 1900 pour la protection légale des travailleurs et la création de l'Association internationale pour la protection légale des travailleurs, bien des difficultés ont été aplanies, et les conférences internationales de Berne de 1905, 1906 et 1908 ont abouti à deux ententes internationales, l'une relative à l'interdiction du phosphore blanc dans la fabrication des allumettes ; l'autre sur l'interdiction du travail de nuit des femmes dans l'industrie (1).

Comme nous le montrerons, les obstacles qui s'opposaient à l'établissement d'une législation internationale en matière de réglementation du travail et dont quelques-uns étaient très sérieux, n'existent pas aussi forts pour l'assurance et la prévoyance sociales. Sans doute, ici aussi, nous rencontrerons certaines difficultés, mais nous montrerons que, sauf sur un point, elles sont susceptibles d'être aisément résolues et que les accords internationaux peuvent être facilement conclus.

Nous étudierons plus spécialement dans ce travail les matières suivantes, que nous rangeons ainsi par

---

1. Ces deux conventions ont été approuvées en France : celle relative au travail de nuit des femmes par la loi du 15 juillet 1908 ; et celle relative à l'interdiction de l'emploi du phosphore blanc dans l'industrie des allumettes par la loi du 17 décembre 1908.

ordre d'importance des difficultés qu'elles soulèvent en matière de droit international privé et public :

L'assurance sur la vie et la capitalisation ;

La législation des Caisses d'épargne ;

La législation des Retraites ouvrières ;

La législation de l'Assurance contre le chômage ;

L'assurance contre la maladie ;

La législation des Sociétés de secours mutuels.

*
* *

Il est une autre matière qui ressort en premier chef de l'assurance ouvrière : c'est celle des accidents du travail. Nous l'avons laissée cependant de côté, d'abord à cause de son importance qui aurait dépassé les bornes de cet ouvrage, et ensuite parce qu'elle est déjà l'objet d'une abondante littérature qui nous aurait exposé à des redites et à une vaine compilation (1).

---

1. **La** question est examinée dans tous les traités sur la matière des accidents du travail : Sachet, Loubat, Cabouat, de Mouny, etc. , mais plus spécialement, en ce qui concerne les questions de droit international, on peut consulter : Raynaud. *Les accidents du travail des ouvriers étrangers* : Renard. *Les conflits de lois en matière d'accidents du travail. Bull. com. perm. accid. du trav.*, 1903, p. 100 et s. — De Saint-Charles. *Le risque professionnel de l'ouvrier étranger. Questions pratiques de législation ouvrière*, n° du 20 février 1901. — Serre. *Les ouvriers étrangers et la législation française sur les accidents de travail.*

# CHAPITRE PREMIER

## ASSURANCE SUR LA VIE ET CAPITALISATION

S'il est une institution d'assurance qui exige un contrôle incessant de l'Etat, c'est bien celle de l'assurance sur la vie. Les compagnies d'assurances constituent en effet des réservoirs profonds et vastes où viennent s'accumuler les épargnes de bien des gens.

Or, ce qu'il y a de remarquable et de dangereux dans le contrat que ces compagnies passent avec leurs assurés, c'est que ses effets sont essentiellement *différés ;* ils ne se produiront qu'à un très long terme, à dix ans, à vingt ans, à vingt-cinq ans. Et pendant ce long temps-là, la compagnie peut faire de mauvaises affaires. Bien plus, elle peut, de très bonne foi d'ailleurs, s'être trompée dans le calcul de ses réserves destinées à permettre d'exécuter ces contrats au jour de leur échéance; la moindre erreur, grossie par suite du nombre d'assurés, peut être fatale, et l'épargnant qui aura attendu de longues années, se verra brusquement privé du fruit de son labeur, précisément au moment où il compdait en jouir et au moment où il ne sera plus en état et reconstituer les capitaux qu'il avait remis à la compagnie.

Aussi, la plupart des Etats ont-ils aujourd'hui organisé un contrôle de ces genres de compagnies, et, comme nous allons le voir d'ailleurs, ils se sont préoccupés, dans ce contrôle, des étrangers et surtout des compagnies étrangères. Nous allons, en effet, constater ici, dans tous les pays sans exception, une sorte de protectionnisme à outrance, un véritable nationalisme aigu se manifestant contre les compagnies étrangères. C'est une forme très curieuse de la concurrence nationale contre la concurrence étrangère, allant même jusqu'à des mesures de rétorsion contre les législations étrangères.

Nulle part nous ne rencontrerons un protectionnisme aussi fort, même dans les formes de prévoyance ou d'assurance sociales qui mettent en œuvre les propres finances de l'Etat.

## SECTION I

### Etude des législations étrangères (1)

La plupart des législations ont pris des précautions à l'encontre des sociétés étrangères d'assurances sur la

---

1. Les indications qui vont suivre sont empruntées en majeure partie aux rapports de M. Chastenet à la Chambre des députés et de M. Lour-

vie. Partout en Europe et même dans les Etats de l'U-
nion Américaine, les compagnies étrangères ne sont admises à opérer qu'à la condition de demander au gouvernement une autorisation préalable et de déposer un
cautionnement très élevé.

Nous allons, dans cette première section, étudier ces
différentes législations et nous consacrerons ensuite à la
France une étude spéciale.

A.— *Allemagne .*— En Allemagne, la loi du 12 mai
1901 sur les entreprises civiles d'assurances contient un
titre VI réservé spécialement aux entreprises étrangères d'assurances : Il nous faut le citer entièrement, à raison même de la précision de cette loi, et du caractère
très sévère de la réglementation qu'elle organise.

§ 85. Les entreprises étrangères d'assurances qui veulent
exercer en Allemagne, à l'aide de représentants, fondés de
pouvoir, agents ou autres intermédiaires, ont besoin, pour
cela, de l'autorisation.

Les prescriptions de la présente loi leur sont applicables

---

ties au Sénat, à l'occasion de la loi du 17 mars 1905 sur le contrôle des
Sociétés d'assurances en France (Rapport Chastenet du 9 juin 1903,
texte au *Journ. off.*, doc. parlem. de juillet 1903, p. 745.— Rapport
Lourties du 13 décembre 1904, texte au *Journ. off.*, doc. parlem. de février 1905, p. 36).

Nous ne faisons pas allusion ici, car la question est trop connue, à ce
qui s'est passé après la guerre de 1870, en Alsace-Lorraine, pour les sociétés françaises d'assurances sur la vie. V. Weiss. *Traité*, t. II, p. 438
et suiv.

en tant que rien autre n'est stipulé dans les paragraphes 86 et 91.

§ 86. Le Chancelier de l'Empire a exclusivement qualité pour décider sur la demande en autorisation.

Cette dernière ne peut être accordée que :

1° Lorsque l'administration de contrôle des assurances civiles, après entente du Comité d'assurance, émet l'avis qu'il n'existe aucun des motifs de refus d'autorisation, prévus au paragraphe 7 ;

2° Lorsque l'entreprise d'assurance produit la preuve qu'à son siège, sous son nom, elle peut acquérir des droits, se soumettre à des obligations, poursuivre en justice et être elle-même poursuivie ;

3° Lorsque l'entreprise s'engage à entretenir un établissement dans les limites du territoire de l'Empire, à établir un fondé de pouvoirs général pour l'Empire, ayant lui-même sa résidence sur le territoire de l'Empire.

Le fondé de pouvoirs général est considéré comme autorisé à représenter l'entreprise, en particulier à conclure avec force obligatoire des contrats d'assurance avec des contracteurs du territoire de l'Empire et relatifs à des immeubles situés sur le même territoire, enfin à recevoir toute citation et toute décision concernant l'entreprise.

Pour le reste, le Chancelier de l'Empire décide librement.

§ 87. Pour les entreprises d'assurance autorisées à exercer sur le territoire de l'Empire, les contrats d'assurance avec des preneurs ayant leur résidence habituelle sur ledit territoire, ainsi que les contrats concernant les immeubles y situés, ne peuvent être conclus que par des fondés de pouvoirs résidant eux-mêmes sur ce territoire.

§ 88. Toutes les obligations qui, d'après la présente loi, incombent aux propriétaires ou représentants d'une entreprise d'assurance du pays (allemande) échoient au fondé de pouvoirs général établi par toute entreprise étrangère, pour le territoire de l'Empire.

§ 89. Quant aux plaintes qui peuvent s'élever contre l'entreprise du fait de sa gestion sur le territoire, le tribunal, où l'entreprise a son établissement, a toute compétence (§ 86, section 2, n° 3). Cette juridiction ne peut être écartée par contrat.

§ 90. Les prescriptions des paragraphes 56, 57, section 1, phrase 1, sections 2, 3 et des paragraphes 58 à 63 ne sont applicables aux entreprises étrangères qu'en ce qui concerne les contrats conclus sur le territoire de l'Empire.

Le fonds de réserve de primes pour ces assurances est à placer suivant les instructions de l'administration de contrôle, de telle sorte qu'il ne puisse y être touché qu'avec l'assentiment de cette dernière.

§ 91. La surveillance des entreprises étrangères d'assurances autorisées d'après la présente loi est exercée par l'administration du contrôle des assurances civiles.

Sur la proposition du Chancelier de l'Empire, le Conseil fédéral peut aussi, de son propre chef, faire défense d'exercer à une entreprise étrangère d'assurance autorisée. La mise à exécution de cette décision incombe à l'administration du contrôle des assurances civiles.

B. — *Angleterre.* — La législation de l'Angleterre est plus libérale. Comme base de contrôle, nous voyons la publicité des états de situation que les compagnies doivent fournir régulièrement, et cela conformément aux modèles officiels qui ont été annexés à la loi du 6 août 1872.

Mais nous ne trouvons pas de contrôle officiel, ni d'évaluation imposée pour une réserve mathématique. Aucune autorisation préalable n'est exigée pour former une société : c'est le régime de la liberté, du moins si on en juge par les apparences. Notons d'ailleurs qu'on demande aux nouvelles sociétés un dépôt, à la cour de la Chancellerie, de 20.000 livres sterling, dépôt que l'on rembourse dès que les primes accumulées dépassent 40.000 livres sterling.

Ce régime de liberté ne présente pas en Angleterre de grands inconvénients, car les mœurs et les coutumes ont organisé en quelque sorte un système de contrôle et ont rendu ainsi inutile une réglementation légale.

« Certaines institutions, dit M. Cheysson, comme celles des «Chartered Accountants », servent de correctif et de complément au système. Placée entre l'individu et la société financière, cette corporation libre, qui se recrute et s'administre elle-même, a su conquérir l'estime et la confiance du public à force de services et d'honorabilité. Sans que la loi s'en mêle, le ministère de l' « accountant » s'impose parce que toute affaire où l'on refuserait de le laisser pénétrer passerait pour justement suspecte et perdrait tout crédit. Bien plus sûrement que le commissaire de police ou l'inspecteur officiel, l'« accountant » fait bonne garde et tient en respect les braconniers et les loups cerviers qui guettent l'épargne publique. »

Ajoutons enfin que tous les cinq ans, un rapport général doit être fait et certifié par un « actuary » qui appartient à une corporation analogue à celle des « comptables assermentés ».

C. — *Autriche*. — En Autriche, les sociétés étrangères d'assurances ne pouvaient pas fonctionner en vertu d'une ordonnance impériale du 29 novembre 1865. Cette interdiction a été levée par la loi du 29 mars 1873 qui a autorisé ces sociétés à fonctionner désormais en Autriche, mais sous la réserve suivante contenue dans son article 3 :

« Lorsqu'il existe dans un pays étranger des règlements interdisant totalement ou partiellement aux sociétés privées d'assurance l'exploitation d'une certaine branche d'assurances, cette même branche est interdite en Autriche et dans les pays représentés au Reichsrath, aux société originaires dudit pays. »

D. — *Bolivie*. — Toute compagnie d'assurances, soit

sur la vie, soit contre l'incendie, soit contre un risque quelconque, nationale ou étrangère, ne peut se constituer en Bolivie et exercer régulièrement que si elle justifie de la constitution d'un capital d'au moins 100.000 bolivars et si elle s'engage à constituer, en immeubles ou en valeurs déterminées déposées dans les banques nationales, des réserves proportionnelles aux primes des contrats souscrits en Bolivie (loi du 27 sept. 1904, art. 1 et 2).

Un contrôleur désigné par le gouvernement veille à l'observation de ces prescriptions (loi du 27 sept. 1904, art. 3) (1).

Les compagnies étrangères d'assurances sont astreintes en plus, et indépendamment des obligations imposées aux compagnies anonymes étrangères, d'insérer dans leurs polices et contrats souscrits en Bolivie une clause par laquelle elles déclarent soumettre uniquement et exclusivement aux tribunaux boliviens toutes contestations relatives auxdits contrats (loi du 27 septembre 1904, art. 5).

Comme sanction, tout contrat souscrit en Bolivie par des compagnies étrangères qui ne se sont pas conformées à ces obligations, est considéré comme nul ; la personne qui voudra s'en prévaloir sera punie d'une amende de 1.000 bolivars, dont le montant sera divisé

---

1. Arturo Fernandez, *Revista de derecho y jurisprudentia* (Chili) nᵒˢ de juin et de juillet 1907.

entre le fiscal et la personne qui aura dénoncé le contrat clandestin (loi du 27 septembre 1904, art. 6).

E. — *Espagne*. — En Espagne, c'est une loi du 14 mai 1908 qui a organisé le contrôle des compagnies d'assurances. En ce qui concerne les compagnies d'assurances sur la vie, elles sont soumises par ce texte, très prohibitif à leur égard, à un dépôt préalable de 500.000 pesetas.

F. — *Etats-Unis*. — Il n'y a que dix-neuf Etats, aux Etats-Unis, qui n'aient pas pris, au sujet de l'assurance-vie, des dispositions légales. La plupart sont d'ailleurs des territoires récemment organisés (Gulf-States.)

Tous les autres Etats ont organisé un système de contrôle semblable à celui qui a été mis en vigueur dans le Massachusetts en 1858. Les compagnies se trouvent dans l'obligation de calculer leurs réserves mathématiques minimum d'après des tables et un taux officiels.

La surveillance est assurée dans chaque Etat par un surintendant des assurances, qui dispose d'un pouvoir de contrôle très tendu.

G. — *Italie*. — Le nouveau Code de commerce de 1882, dans son article 145 prescrit le dépôt à la Caisse des dépôts et consignations en titres de la dette publique italienne de la moitié des sommes encaissées par les compagnies étrangères. Pour les compagnies indigènes le dépôt n'est que du quart.

Les compagnies étrangères sont donc placées dans

üne situation défavorable et plusieurs ont dû se retirer, après avoir vainement cherché d'y effectuer des
opérations rémunératrices.

H. — *Luxembourg*. — Aux termes de la loi du 16 mai
1891 (art. 2), les assureurs étrangers, pour pouvoir
être autorisés à exercer au Luxembourg, doivent, quand
ils résident à l'étranger :

*a*) Désigner un mandataire général ayant son domicile dans le Grand-Duché, qui les représente dans le
pays, tant judiciairement qu'extrajudiciairement ; ce
mandataire doit faire élection de domicile dans l'ar-
rondissement judiciaire dans lequel il n'a pas son domicile réel ;

*b*) Produire en copie la procuration donnée à ce mandataire, et qui doit contenir notamment les pouvoirs nécessaires pour représenter les assureurs, même en
justice.

D'autre part, aux termes de l'article 3 de la même
loi, tous les ajournements et notifications à signifier à
un assureur étranger, le sont au domicile réel ou élu
de l'agent principal, qui sont attributifs de juridiction
pour toutes les actions se fondant sur des contrats
d'assurance passés dans le Grand-Duché avec des personnes y résidant et concernant, soit des habitants du
Grand-Duché, soit des propriétés ou exploitations y
situées.

Est considéré comme passé dans le pays le contrat

qui y a été effectivement conclu alors même que les polices sont datées de l'étranger.

C'est le domicile réel ou élu de l'agent principal qui sert également à déterminer les délais à observer pour tous ajournements et notifications.

Les assureurs doivent s'acquitter de toutes leurs obligations au domicile de l'assuré, à moins que le contrat ne prévoie comme lieu d'exécution le domicile de l'agent principal.

Toutes les chances des contrats d'assurance qui dérogeraient à ces dispositions sont frappées de nullité.

I. — *Portugal.* — Au Portugal, les sociétés d'assurances sont assujetties à un régime de contrôle et de surveillance inauguré par un décret-loi du 21 octobre 1907. Le titre VI (art. 49 à 56) est consacré aux compagnies étrangères et contient à leur égard des dispositions assez dures qui leur font une situation très inférieure à celle des compagnies nationales.

J. — *Prusse.* — En Prusse, l'arrêté du 22 décembre 1891 impose aux sociétés non-allemandes d'assurances sur la vie le placement de la moitié des primes en rentes prussiennes consolidées. Cet arrêté a même eu un effet rétroactif et devait s'appliquer même aux primes encaissées avant 1891. Cette réglementation a eu pour résultat de faire battre en retraite diverses compagnies américaines déjà installées.

K. — *Russie.* — En Russie, les sociétés étrangères

sont soumises au contrôle institué par le règlement du 6 juin 1874 pour les opérations des établissements et sociétés d'assurance.

L. — *Suède*. — La Suède présente cette particularité d'avoir une loi spéciale et très minutieuse du 24 juillet 1903 sur le droit qu'ont d'opérer en Suède les établissements étrangers d'assurance. Les compagnies d'assurances sur la vie sont astreintes au dépôt préalable d'une somme de 100.000 couronnes.

M. — *Suisse*. — En Suisse, la loi fédérale du 25 juin 1885 à confié le contrôle et la surveillance des compagnies d'assurances à un bureau muni de pouvoirs presque discrétionnaires.

Les compagnies ne peuvent fonctionner qu'après une autorisation préalable donnée par le bureau et seulement après examen de la situation financière, des méthodes, des tables de mortalité, etc... Cette autorisation est d'ailleurs toujours révocable. Si, à la fin d'un exercice, la situation est compromise, on exige la cessation des opérations et la liquidation des anciens engagements. C'est le capital des actionnaires qui doit parer à cette éventualité.

Pour les compagnies étrangères, le dépôt d'un cautionnement est obligatoire et ce cautionnement n'est restitué qu'après la liquidation. En dehors de cette formalité, les compagnies étrangères doivent donner des preuves de leur capacité légale dans leur pays, élire un domicile principal en Suisse, et y nommer un mandataire général.

Après la clôture de l'exercice, toutes les sociétés sont tenues de fournir au bureau technique des comptes rendus détaillés et faits dans une forme déterminée.

Cette réglementation a été complétée par un arrêté du 21 janvier 1896. Cet arrêté ne permet aux intéressés de ne faire usage d'imprimés, de brochures et de réclames, traitant des bases techniques ou financières de la société, qu'après que ces documents ont été vus et approuvés par le bureau fédéral.

On peut se rendre compte par les dispositions ci-dessus énumérées combien complète et minutieuse est la réglementation du contrôle.

## Section II

### Etude spéciale de la législation française

#### § 1. — *Les sociétés étrangères d'assurances sur la vie* (1)

Une loi récente, celle du 17 mars 1905, domine toute la matière des sociétés étrangères d'assurances sur la vie exerçant en France. Cette loi est relative à la sur-

---

1. Nous nous sommes inspiré pour traiter toute cette partie d'une étude anonyme publiée dans la *Revue de droit international privé*, 1907, p. 85 et s.

veillance et au contrôle des sociétés d'assurances sur
la vie et, d'une façon plus générale, de toutes les entreprises dans les opérations desquelles intervient la
durée de la vie humaine. De nombreux règlements et
décrets sont venus compléter cette loi et en assurer
l'exécution.

Avant d'étudier la législation actuelle et pour pouvoir bien la comprendre, il est nécessaire de faire un
rapide exposé historique de la question et d'étudier la
situation des sociétés d'assurances sur la vie avant la
promulgation de la loi de 1905 1).

*Législation antérieure à la loi du 17 mars 1905*

D'une façon générale, les sociétés anonymes sont,
depuis la loi du 24 juillet 1867, dispensées de l'autorisation préalable du gouvernement. Mais une exception
avait été faite par cette loi de 1867 pour les tontines
et les sociétés d'assurances sur la vie, et l'article 66
disposait que ces sociétés seraient soumises à l'autorisation et à la surveillance du gouvernement.

La loi du 30 mai 1857, autorisant les sociétés étrangères à exercer leurs droits en France, n'avait pas été
abrogée par la loi de 1867.

---

1. Voir sur ce point: Lyon-Caen et Renault. *Traité de droit commer-
cial*, 3ᵉ éd., t. III, p. 939 et s. — Lyon-Caen. *De la condition légale
des sociétés étrangères en France.* — Leyris. *De la condition en France
des sociétés étrangères d'assurance sur la vie.* — Lefort. *Traité des assurances sur la vie*, t. I, p. 259.

De ces deux lois résultait une situation privilégiée pour les sociétés étrangères d'assurances sur la vie. En effet, l'autorisation globale donnée par décrét, conformément à l'article 2 de la loi du 30 mai 1857, s'appliquait et sans aucune exception à toutes les sociétés du pays au profit duquel le décret avait été rendu, quel que fût d'ailleurs l'objet de ces sociétés. Les sociétés étrangères d'assurances sur la vie étaient donc elles-mêmes habilitées à opérer en France : elles n'avaient pas besoin d'une autorisation spéciale, et elles échappaient ainsi à la surveillance du Gouvernement, qui n'était qu'une conséquence et une suite du droit d'autorisation.

Bien moins libres étaient les compagnies françaises. Elles étaient soumises à l'autorisation probable et à la surveillance, d'ailleurs peu effective ; elles étaient obligées de placer leurs fonds en valeurs déterminées et elles devaient observer pour leurs primes un tarif parfois élevé, basé sur des tables de mortalité acceptées par le gouvernement.

Les compagnies étrangères profitaient des avantages que la législation leur conférait, et libres de leurs placements, les faisant souvent à un taux rémunérateur, elles pouvaient demander des primes moins élevées et elles faisaient ainsi aux compagnies françaises une concurrence dangereuse.

La doctrine fut la première à essayer de réagir contre un état de choses aussi fâcheux. Certains

auteurs (1) soutenaient que les sociétés étrangères d'assurances sur la vie devaient être soumises au régime de
l'autorisation et de la surveillance, comme les sociétés
françaises. Mais d'autres auteurs (2) repoussaient cette
interprétation qui ne triompha point, puisque l'administration ne surveillait pas pratiquement les compagnies étrangères.

Les tentatives faites pour remédier à cette situation, soit au Parlement (3), soit même devant les tribunaux (4), à la suite de procès intentés par les
compagnies françaises contre certaines compagnies
étrangères, n'avaient jamais pu aboutir.

### La loi du 17 mars 1905

Cette loi réglemente, d'une façon spéciale, le fonctionnement en France des sociétés étrangères d'assurances sur la vie. Dans son article 1er elle dit viser
« les entreprises françaises ou étrangères de toute

---

1. Vavasseur. *Traité des sociétés*, t. II, p. 653. — *Le Droit*, n° du
20 avril 1898. — *Monit. des assur.*, 1882, p. 145. — Philouze. *Manuel*,
p. 38.

2. Lyon-Caen et Renault. *Traité*, t. II, n° 1108 *bis*. — Couteau. *Traité
des Assurances*, n° 272. — Fey. *Code des assurances sur la vie*, p. 44. —
Agnel. *Manuel des assurances*, n°* 347 et 348. — *Journ. de dr. int.
privé*, 1891, p. 971.

3. V. le rapport de M. Chastenet, déjà cité.

4. V. Trib. civ. Seine, 6 janv. 1890. *Journ. de Droit intern. privé*,
1890, p. 493. — Trib. com. Seine, 26 mai 1891. *Ibid.*, 1891, p. 971.
— Paris, 31 juillet 1900. *Ibid.*, 1901, p. 377.

nature qui contractent les engagements dont l'exécution dépend de la durée de la vie humaine ». L'article 2 dispose que ces entreprises ne peuvent fonctionner en France qu'après avoir, sur leur demande, été enregistrées au ministère du Commerce (aujourd'hui le ministère du Travail).

Donc, en principe, les compagnies étrangères sont soumises à toutes les obligations de la loi du 17 mars 1905 et les décrets qui les complètent (1). Leur situation cependant n'est pas identique à la situation des compagnies françaises et ce sont ces dérogations au droit commun qu'il nous faut étudier.

L'application de la loi de 1905 souleva dès sa promulgation plusieurs questions d'ordre général. On se demanda, en effet, comment elle devait se combiner avec la loi de 1857, quelle était sa portée d'application dans le temps (question de la rétroactivité) quelle était enfin la portée de l'article 12 qui semble faire aux compagnies étrangères une situation autre que celle des sociétés françaises.

Les deux dernières questions, qui furent très discutées (2), ne présentent plus aujourd'hui qu'un intérêt rétrospectif : nous n'y insisterons donc pas. La rétroactivité n'est plus en effet en jeu ; quant à la difficulté

---

1. Décrets des 20 janvier, 12 mai, 9, 22 et 25 juin 1906.
2. V. sur ces deux points l'article précité de la *Rev. de droit. internat*, 1907, p. 85

de l'article 12, elle fut tranchée par l'engagement que prirent toutes les sociétés étrangères de ne pratiquer en France que des opérations d'assurances sur la vie.

Seule la première question présente encore de l'intérêt, mais elle n'est pas difficile à résoudre. La loi de 1905 n'a pas abrogé la loi de 1857, ainsi que cela résulte des explications données à la Chambre par M. Georges Paulet, commissaire du gouvernement, à la séance du 28 juin 1904 :

« Ce que proposait le gouvernement dans la disposition qu'a admise la commission, c'est que les sociétés d'assurances françaises ou étrangères soient uniquement soumises, quant à leur statut social, aux législations qui respectivement régissent les autres sociétés. S'agit-il de sociétés françaises ? Elles seront assujetties aux lois de juillet 1867 et d'août 1893. S'agit-il de sociétés étrangères ? Il n'y aura pas d'incursion administrative à craindre dans leurs statuts ; elles resteront régies par la loi de 1857 si, en vertu de cette loi, un décret est intervenu pour leur pays d'origine. Application de leur législation propre au regard de leur constitution sociale, application de la loi en discussion au regard de leur fonctionnement en France, tel est le régime très simple que prévoit le projet pour les sociétés étrangères d'assurances sur la vie. »

Voyons maintenant la situation spéciale qu'à certains égards la loi de 1905 fait aux sociétés étrangères.

L'article 6 de cette loi impose bien aux sociétés étrangères comme aux sociétés françaises la constitution de réserves mathématiques (1). Mais ce même article déclare que cette obligation ne s'applique, pour les sociétés étrangères, qu'aux seuls contrats souscrits ou exécutés en France et en Algérie.

La réglementation de la police dite d'accumulation, qui fait l'objet de l'article 7, a donné lieu à des débats très sérieux et à des critiques très vives. Voyons d'abord ce que c'est que la police d'accumulation :

Dans les assurances contractées avec participation aux bénéfices, on peut, soit reporter chaque année par différents moyens (diminution des primes à payer, augmentation du capital assuré, etc.) les bénéfices revenant à chacun des assurés ; soit créer, à côté de l'assurance proprement dite, une tontine et les bénéfices mis en réserve avec les intérêts produits sont répartis au bout d'un temps déterminé entre les assurés participants survivants au prorata du montant de leur assurance.

Les compagnies américaines emploient surtout la seconde combinaison qui, à première vue, paraît avantageuse pour l'assuré, mais qui en pratique a donné lieu à des abus tels que beaucoup de pays l'ont soit réglementée, soit même prohibée complètement (2).

---

1. Voir le rapport précité de M. Lourties au Sénat et le décret du 20 janvier 1906.

2. Voir rapport Lourties précité.

En France, aux termes de l'alinéa 1 er de l'article 7 :
« lorsque les bénéfices revenant aux assurés ne sont
pas payables immédiatement après la liquidation de
l'exercice qui les a produits, un compte individuel doit
mentionner chaque année la part de ces bénéfices attri-
buable à chacun des contrats souscrits ou exécutés en
France et en Algérie ».

Ce n'est donc pas une prohibition, mais une simple
réglementation ; la loi, comme l'a dit à la tribune de la
Chambre M. Chastenet, introduit dans la police d'accumulation « la clarté, la bonne foi et la loyauté » (1).

Le même article 7, dans son alinéa 3, dispose que
« pour les entreprises étrangères les valeurs représentant la portion d'actif affecté au règlement des opérations d'assurances doivent à l'exception des immeubles
faire l'objet d'un dépôt à la Caisse des dépôts et consignations, dans les conditions prévues à l'article 9.
Le seul fait de ce dépôt confère privilège aux assurés,
sur lesdites valeurs, pour les contrats souscrits ou
exécutés en France et en Algérie. »

La réglementation de ce dépôt a été organisée par le
décret du 25 juin 1906.

Un compte rendu annuel de toutes les opérations des
entreprises étrangères doit être publié en langue française (art. 11).

L'article 12 exige que ces entreprises étrangères

---

1. Chambre. Séance du 30 juin 1904.

aient en France et en Algérie, pour les opérations régies par la loi de 1905, un siège et une comptabilité spéciale et accréditent auprès du ministre du Travail un agent préposé à la direction de leurs opérations. Cet agent, qui doit avoir son domicile en France, représente seul sa compagnie, soit auprès du ministre, soit vis-à-vis des titulaires de contrats souscrits en France, soit devant les tribunaux. En conséquence il doit être muni de tous les pouvoirs statutaires qui lui sont nécessaires pour exercer une gestion réelle de l'entreprise.

Une autre disposition très importante du même article est celle qui exige que toute compagnie étrangère « produise au ministère du Travail la traduction en langue française, certifiée conforme, des documents en langue étrangère se rapportant à ses opérations... Les conditions générales et particulières des polices, les avenants et autres documents se rapportant doivent être rédigés ou traduits en langue française ». Ces dispositions sont sanctionnées par le fait que le texte français fait seul foi à l'égard des assurés français (même article).

Une conséquence de la législation nouvelle sur ce point a été d'obliger les compagnies américaines se disant sociétés mutuelles à faire connaître leurs statuts à leurs assurés, ce qu'en fait elles ne faisaient jamais avant la loi de 1905.

Nous avons déjà vu en étudiant l'article 2 que les compagnies étrangères devaient se faire enregistrer au ministère du Travail. C'est le décret du 22 juin 1906 qui règle les formalités de cet enregistrement. Les pièces exigées des entreprises étrangères sont, indépendamment des pièces exigées pour toutes les sociétés même françaises : 1° les certificats de coutume, attestations et documents nécessaires pour établir la régularité juridique de la société dans leur pays d'origine , 2° l'indication du siège de l'entreprise pour les dispositions visées aux articles 12 et 23 de la loi de 1905 ; 3° l'acte d'accréditation auprès du ministère du Travail d'un agent spécialement préposé à la direction desdites opérations.

Cet agent, ainsi que nous l'avons déjà vu, doit être domicilié en France. Mais doit-on prendre ici le mot domicile dans son sens rigoureusement juridique ? Si on admettait cette interprétation restrictive, le représentant de la société étrangère ne pourrait être qu'un Français ou un étranger admis à domicile, qualité qui ne peut être conservée que pendant cinq ans (art. 13 du Code civil). Mais l'administration française a admis une théorie plus large et elle a accepté comme représentant de sociétés étrangères des étrangers non admis à domicile, se contentant d'exiger une résidence effective en France.

Pour terminer cette étude de la situation faite aux sociétés étrangères par la loi de 1905, notons que cette loi, dans son article 13, oblige ces sociétés à contribuer aux frais de toute nature résultant de la surveillance et du contrôle, en ne prenant pour base, d'ailleurs, que les opérations réalisées en France et en Algérie.

### § 2. — *Le conflit des lois*

Le principe posé par l'article 3 du Code civil, à savoir que « les lois de police et la sûreté obligent tous ceux qui habitent le territoire », s'applique certainement à la loi de 1905 qui n'est qu'une loi de contrôle et de surveillance. Cette loi sera donc exécutoire sur tout le territoire français et même aux colonies (art. 23).

D'ailleurs le législateur a voulu prévenir toute fraude, et, pour éviter des difficultés très délicates de droit international privé, il a expressément déclaré que la loi s'appliquerait à tous les contrats « souscrits ou exécutés en France et en Algérie ».

Sans cette précision, on n'aurait eu pour s'affranchir des dispositions de la loi de 1905 qu'à faire souscrire les contrats à l'étranger.

Au contraire, avec le texte actuel, toutes les fois qu'un acte juridique quelconque se rattachant à une obligation quelconque de l'assureur ou de l'assuré aura lieu en France, la loi de 1905 s'appliquera.

Un seule restriction cependant : c'est au jour où le contrat a été formé qu'il convient de se reporter pour déterminer les obligations respectives des parties. Il ne saurait, en effet, dépendre du caprice de l'assuré de changer après coup le régime du contrat.

Ainsi que nous venons de le faire remarquer, la loi de 1905, par cette disposition, a tranché toutes les difficultés très délicates que soulève le contrat d'assurance en matière de droit international privé. Bien que nous ne devions envisager ici ces questions qu'au seul point de vue du contrôle et de la surveillance des sociétés et que c'est d'ailleurs ce point de vue seul qui est visé par la loi de 1905 quand elle considère comme un contrat *soumis à la surveillance et au contrôle de l'administration française* tous ceux qui sont souscrits ou exécutés en France, nous allons, en passant en revue les questions internationales soulevées par le contrat d'assurance, voir si toutes les difficultés se trouvent résolues à cet égard (1).

En ce qui concerne la loi qui doit régir le contrat, on admet généralement que l'on doit appliquer à ce contrat, chaque fois que cela sera possible, la loi du lieu où il a été conclu (2) en réservant à la loi du lieu de son exécution le pouvoir de déterminer la manière suivant laquelle on devra procéder à l'exécution de la convention et exercer les droits qui en dérivent. Si la

---

1. V. le livre très intéressant de M. Guido Bonolis, *Les assurances sur la vie en droit international privé* (trad de MM. J. Lefort et Jules Valery. Paris. Fautemoing. éd., 1902).

2. La forme du contrat est aussi régie par cette loi, mais en vertu de la règle « *Locus regit actum* ».

compagnie d'assurances a, en pays étranger, un rè-
présentant investi de pleins pouvoirs et capable de
l'obliger par ses actes, on reconnaît dans ce cas que
le lieu de la conclusion du contrat se trouvera placé
soit au siège de la succursale, soit dans la ville où le
représentant a son domicile, sans qu'il y ait à tenir
compte, pour les contrats conclus par leur intermédiaire,
du domicile de la compagnie ; au contraire le contrat
formé au moyen d'intermédiaires, lorsque ceux-ci ne
sont pas investis du pouvoir de conclure, est à proprement parler un contrat entre absents et il doit être ap-
précié suivant les mêmes principes que les contrats par
correspondance (1).

La loi de 1905, par sa disposition ci-dessus rappe-
lée, est beaucoup plus large, car elle considère comme
français tout contrat souscrit ou exécuté en France ;
mais, comme nous l'avons dit, la loi française n'a pas
voulu déroger aux règles générales ; elle n'a francisé
ainsi le contrat d'assurance qu'à un point de vue tout
spécial, tout administratif, celui de la surveillance et
du contrôles de ces contrats.

De plus, par la disposition de son article 12 relative
à l'agent accrédité et nécessaire des compagnies étrangères en France, la loi de 1905 a tari d'un seul coup
toutes les difficultés qui pouvaient être soulevées, en

---

1. V. sur ces points Bonolis, *op. cit.*, p. 1 et suiv.

droit international, soit quant au caractère juridique des succursales et agences d'assurances, soit quant aux attributions de compétence résultant de l'établissement d'une agence en pays étranger et surtout aux questions qui pourraient se présenter à cet égard du fait des compagnies n'ayant à l'étranger aucun représentant (1).

Les compagnies d'assurances sur la vie ne peuvent en effet exercer en France, aux termes de cet article, que si elles y accréditent un agent qui est préposé à la direction de toutes les opérations en France et qui possède à cet effet les pouvoirs les plus absolus : on peut donc dire que l'entreprise étrangère est presque *francisée*, au moins au point de vue du contrôle de l'administration, et cette *francisation* a forcément sa répercussion sur les questions que nous venons d'examiner.

Il est presque inutile de faire remarquer que la loi du 17 mars 1905 n'a pas abrogé la loi du 2 janvier 1902 sur la compétence en matières d'assurances ; ces deux lois doivent être combinées et l'administration a soin, dans l'examen des polices des compagnies de ne laisser subsister aucune clause qui puisse faire échec à la loi de 1902 qui a d'ailleurs, comme celle de 1905, le caractère d'ordre public. Les difficultés de droit inter-

----

: . V. sur tous ces points Bonolis, *op. cit.*, p. 57 et s.

national qui peuvent être soulevées à l'occasion de ce texte subsistent ; nous n'insistons pas sur elles, car elles relèvent uniquement de la matière du contrat d'assurance, et sont par conséquent en dehors de notre champ d'études (1).

Reste une importante question, celle de la *réassurance*. En principe on a appliqué à la réassurance la même règle de droit international qu'à l'assurance, c'est-à-dire qu'on décide que, s'il est possible de préciser dans quel pays le contrat a été conclu, c'est la loi de ce pays qu'il faudra lui appliquer (2). Plus spécialement en ce qui concerne l'application de la loi du 17 mars 1905, il y a lieu, bien qu'elle ne parle pas de réassurances, de les considérer comme des opérations qui entrent dans ses prévisions, puisque leur exécution dépend de la durée de la vie humaine. Il en résulte que seules, les compagnies françaises ou étrangères enregistrées en France peuvent y faire des opérations de réassurance ; mais elles ne peuvent y faire que des réassurances de contrats concernant les opérations de la loi du 17 mars 1905 ; toutes autres compagnies non enregistrées qui feraient ces réassurances s'exposeraient aux qualités prévues par l'article 16 de ladite loi (3).

La question ne soulève guère de difficultés en ce qui

---

1. V. sur ces difficultés la note de M. Weiss dans les Pandectes franç. per., 1905. V. 5. sous trib. Bruxelles, 20 janv. 1904.

2. Bonolis, *op. cit.*, p. 161, n° 91.

3. Sumien. *Répert. droit admin.* V°. Sociétés d'assurances, n° 83.

concerne les sociétés étrangères, pour les réassurances qu'elles contractent en France à leur siège spécial dans ce pays. Mais la question est plus délicate lorsqu'il s'agit d'une réassurance passée entre la société réassurée ayant son siège social en France et la société étrangère réassureur qui a son siège à l'étranger : c'est alors un contrat conclu par mandataire ou par correspondance. Peut-il, dans ces conditions, être regardé comme un contrat « souscrit ou exécuté en France et en Algérie » aux termes de la loi du 17 mars 1905 ? Nous le croyons ; car même en admettant que, dans ce cas, le contrat n'est pas transcrit en France, il sera nécessairement *exécuté* en France, surtout en présence de l'article 14 du Code civil disposant que l'étranger « pourra être traduit devant les tribunaux de France, pour les obligations par lui contractées en pays étrangers envers des Français. » Une compagnie étrangère enregistrée, en souscrivant à son siège social, à l'étranger, des contrats de réassurances autres que celles d'opérations prévues par la loi du 17 mars 1905 , avec une compagnie exerçant en France, contreviendrait donc à notre avis, à cette loi de 1905.

## § 3. — *Sociétés de capitalisation*

Nous devons mentionner qu'une loi du 19 décembre 1907 a soumis également au contrôle et à la surveillance

de l'Administration les sociétés de capitalisation, c'est-
à-dire celles qui, sous une dénomination quelconque,
font appel à l'épargne en vue de la capitalisation et
contractent, en échange de versements uniques ou
périodiques, directs ou indirects, des engagements
déterminés.

Cette loi est calquée, sauf quelques détails, sur la loi
du 17 mars 1905 relative aux assurances sur la vie.
Spécialement en ce qui concerne les sociétés étrangères, ses dispositions sont identiques à la loi du 17 mars
1905 (1).

## Section III

### Le point de vue international

Ne serait-il pas possible d'arriver à des ententes
internationales en ce qui concerne la réglementation
des assurances sur la vie ? Nous croyons que sur certains points de pareils accords seraient possibles. Il en
est un notamment qui a été préconisé par l'Autriche et
qui est à l'étude actuellement dans les différents pays
qui ont réglementé le contrôle et la surveillance des
entreprises privées d'assurances sur la vie : c'est l'unification des différents états de leurs comptes et de
leurs opérations que tous les régimes de contrôle
réclament aux compagnies surveillées.

---

1. V. loi du 19 décembre 1907, art. 7 § 2, art. 12. — Décrets du
1er avril et du 17 juillet 1908.

Il serait désirable en effet, aussi bien pour les assurés que pour les assureurs, d'avoir un seul modèle qui permettrait à tous de se rendre compte de la situation des compagnies.

Ce serait un jeu pour les actuaires dans une conférence internationale de déterminer exactement les pièces à produire, pour donner au public tous les renseignements désirables tout en sauvegardant les intérêts des compagnies.

Une pareille entente semble possible, et nous croyons savoir que le Congrès des Actuaires qui se réunit cette année à Vienne au mois de juin doit se préoccuper de la question.

Ne serait-il pas possible d'aller plus loin et d'essayer d'éviter les conflits irréductibles qui peuvent se présenter ? Prenons un exemple : supposons un contrat souscrit en Espagne, mais postérieurement, exécuté en France par une compagnie étrangère enregistrée en France et fonctionnant également en Espagne ; la compagnie sera tenue de déposer en France le montant des réserves mathématiques de ce contrat ; elle sera tenue également de la même obligation en Espagne, puisque le contrat a été conclu en Espagne. Voilà donc une société qui est obligée de déposer une double réserve mathématique pour le même contrat : ne pourrait-on pas décider, par une entente internationale, qu'une seule suffirait ?

Cela nous paraît difficile. Il ne faut pas oublier en effet que les lois de contrôle des compagnies d'assurances sur la vie sont faites surtout pour protéger les assurés nationaux. N'accepter qu'une seule réserve mathématique dans l'hypothèse que nous avons posée, ce serait nécessairement sacrifier un groupe des assurés, notamment en cas de faillite de la société, soit en France, soit en Espagne.

Aussi croyons-nous qu'on ne saurait à l'heure actuelle faire autre chose que l'unification des états à produire. On ne saurait notamment songer à édicter un système de surveillance uniforme. Celle-ci varie en effet selon le pays et n'est pas susceptible d'être ramenée à un type unique. L'assurance n'est pas pratiquée partout de la même manière. En Angleterre, où elle existe dans les mœurs depuis très longtemps, où elle fait partie peut-on dire, du caractère national, la surveillance peut être très libérale. Il ne saurait en être de même dans un pays comme la Russie, où l'assurance commence seulement à se développer.

Tout au plus pourrait-on se mettre d'accord sur des mesures de publicité uniformes qui permettraient aux assurés clairvoyants de contrôler par eux-mêmes les opérations de la société. Il serait facile, pensons-nous, de s'entendre sur le modèle-type à adopter par la communauté des Etats.

# CHAPITRE II

## CAISSES D'ÉPARGNE

Les caisses d'épargne sont, on le sait, des institutions de prévoyance ayant pour objet de recevoir en dépôt les petites épargnes ; de les réunir, de leur servir un intérêt capitalisé et de les restituer dans le plus court délai possible, à toute réquisition du déposant ou de ses ayants droit. Elles permettent à l'homme qui vit d'un salaire quotidien et qui veut s'assurer contre les risques de l'avenir, de mettre en réserve la partie de son salaire supérieure à la somme nécessaire à la satisfaction de ses besoins immédiats. Au jour du chômage et de la maladie, il pourra ainsi retrouver les ressources que son épargne aura créées (1).

1. Sur les caisses d'épargne dans les différents pays et plus particulièrement en France, voir Cauwès. *Traité d'économie politique*, t. III, p. 559. — Desloges. *Epargne et crédit populaire*. — Dufourmantelle. *Bull. soc. lég. comp.*, 1898-1899. — Lepelletier. *Bull. soc. lég. comp.*, 1896-1897, 1897-1898, 1898-1899. — Levasseur. *La prévoyance et l'épargne*. — De Malarce. *L'organisation administrative des caisses d'épargne en Angleterre, en Belgique, etc... Etude de législation comparée, sur les caisses d'épargne par la poste en Angleterre, Belgique* etc... — Rostand. *La question des caisses d'épargne*. — Sumien. « La législation internationale des caisses d'épargne » (*Revue du droit intern. privé*, 1905, p. 291). — Vincent. *Dictionnaire du droit intern. privé*.

L'exercice habituel de l'épargne fortifie l'énergie du travailleur, trempe son caractère, le rend capable de plus puissants efforts ; elle le prépare à la pratique des institutions de prévoyance d'un fonctionnement plus compliqué, telles que les caisses de retraites et les caisses d'assurances. L'épargne rend donc de grands services à la société ; en développant dans l'individu le sentiment de la responsabilité et de la propriété, elle est un moyen des plus efficaces pour combattre l'indigence et aider à la moralisation des masses. Enfin elle met en circulation de nombreux capitaux qui ne se seraient pas formés ou seraient restés stériles.

## SECTION I

### Les législations

Les caisses d'épargne, précisément à raison des services qu'elles sont de nature à rendre aux particuliers et aussi à la société, ont attiré dans beaucoup de pays l'attention de l'Etat et ont reçu de sa part des encouragements. L'intervention de l'Etat a pris d'ailleurs des formes différentes et surtout elle se manifeste dans une mesure plus ou moins grande selon les différents pays.

Deux systèmes se partagent les législations : le système libéral et le système étatiste. Dans le premier, les caisses ont une autonomie plus ou moins absolue et surtout la liberté de placer *librement* leurs fonds, sous la seule réserve d'un pouvoir de contrôle de l'adminis-

tration. Dans le second, l'intervention de l'Etat est pré-
pondérante et elle se manifeste surtout par l'obligation
légale pour les caisses d'épargne de verser dans des
caisses publiques l'intégralité des dépôts.

Du reste, la plupart des Etats, à quelque système
qu'ils se rattachent, connaissent deux caisses opérant
concurremment : une caisse d'Etat, confiée presque partout à l'administration des postes, et des caisses privées. Mais ce n'est pas à cet égard que nous voulons
étudier la législation internationale des caisses d'épargne et nous n'insisterons pas sur ce point.

*Allemagne.* — En Allemagne, les caisses d'épargne
ne sont pas soumises à une réglementation uniforme
pour tous les pays appartenant à la confédération ger-
manique. Pour l'Alsace-Lorraine, la loi sur les caisses
d'épargne est du 14 juillet 1895 (1) ; elle a été complétée par la loi du 12 mai 1897 fixant à 3,25 0/0 l'intérêt
à servir aux déposants (2), par celle du 7 juillet 1897,
relative à l'emploi des fonds des caisses publiques d'a-
vances (3) et par celle du 24 novembre 1897 (4).

Dans le Grand-Duché de Bade, la situation légale et
le mode d'administration des caisses d'épargne constituées sous la garantie des communes, est réglée par

_____

1. *Annuaire légis. étrang* , 1895, p. 236 ; 1904, p. 98.
2. *Ibid.*, 1897, p. 297.
3. *Ibid.*, 1897, p. 297.
4. *Ibid.*, 1897, p. 321.

la loi du 9 avril 1880 (1), modifiée le 10 juin 1892 et le 4 avril 1898 (2).

En Prusse, la première loi sur la matière fut celle de décembre 1838, portant règlement général pour l'organisation des caisses d'épargne communales ; elle a été complétée par celle du 14 mars 1879, modifiée elle-même dans son article 98 par celle du 14 juillet 1895 (3).

Pour le Wurtemberg, une loi du 4 mai 1896 approuve les nouveaux statuts de la caisse d'épargne wurtembergeoise (4). Enfin dans le Brunswich, une loi du 10 juin 1892 (5) a rattaché la caisse d'épargne au Mont-de-Piété ducal ; cette loi a été modifiée par celle du 4 avril 1898 (6).

*République Argentine.* — Une loi du 30 septembre 1904 établit à Buenos-Ayres, sous le nom de Banque municipale de prêts, un établissement ayant à la fois le caractère d'établissement de prêts sur gage et caisse d'épargne (7).

*Australie.* — Dans la Nouvelle-Galles du Sud, une loi du 26 août 1902 établit une consolidation de la caisse d'épargne (8).

---

1. *Ann. lég. étrang.*, 1881, p. 165.
2. *Ibid.*, 1898, p. 301.
3. *Ibid.*, 1895, p. 150.
4. *Ibid.*; 1896, p. 203.
5. *Ibid.*, 1893, p. 279.
6. *Ibid.*, 1898, p. 301.
7. *Ann. lég. étrang.*, 1904, p. 585.
8. *Ibid.*, 1904, p. 672.

*Autriche.* — Les caisses d'épargne qui furent au début des caisses d'épargne privées étaient régies par un règlement du 26 septembre 1834, complété par un modèle de statuts datant de 1855 et par un décret du 9 février 1857. Une loi du 21 mai 1882 a créé des caisses d'épargne postales ; elle a été remaniée par la loi du 19 novembre 1887 (1), sur la réglementation du service des traites (chèques et opérations de compensation) fait par les caisses d'épargne et par celle du 2 décembre 1896 (2) relative aux payements faits par les caisses d'épargne postales.

*Belgique.* — La Belgique connaît, comme la France, des caisses d'épargne privées et une caisse nationale. Celle-ci porte le nom de Caisse générale d'Epargne et de Retraite ; c'est une institution nationale de prévoyance, garantie par l'Etat et administrant elle-même son patrimoine sous la surveillance du gouvernement. Elle a été organisée par la loi du 16 mars 1865, modifiée par celles du 1er juillet 1869 et du 9 août 1897 (3) et par le règlement du 12 août 1865. Une loi du 10 février 1900 est relative à l'épargne de la femme mariée et du mineur (4).

*Bulgarie.* — Les caisses d'épargne y sont régies par la loi des 6-18 décembre 1895 (5).

---

1. *Ibid.*, 1888, p. 434.
2. *Ibid.*, 1897, p. 334.
3. *Ann. lég. étrang.*, 1897, p. 535.
4. *Ibid.*, 1900, p. 303.
5. *Ibid.*, 1895, p. 776.

*Danemark*. — Les caisses d'épargne y eurent long-temps une organisation entièrement libre ; elles ont été soumises au contrôle de l'Etat pas une loi du 22 mai 1880, complétée par une loi du 7 avril 1899 (1).

*Egypte*. — Un décret du 14 février 1904 y organise une section spéciale de la Caisse d'épargne postale (2) et une loi du 13 février 1905 (3) y a été promulguée relativement aux dépôts de la Caisse d'épargne.

*Etats-Unis*. — Dans l'État de New-York les caisses d'épargne sont réglementées par les lois du 23 mai 1878 et du 30 mai 1888 (4) ; dans l'Etat de Massachusetts, deux lois du 12 mars et du 16 juin 1902 constituent la législation nouvelle sur les caisses d'épargne (5).

*France*. — Les caisses d'épargne privées existent en France concurremment avec la caisse nationale d'épargne. Celle-ci a été créée par une loi du 9 avril 1881, complétée par le décret du 31 août de la même année ; quant aux caisses privées, elles sont régies actuellement par la loi du 20 juillet 1895 qui contient d'ailleurs des dispositions applicables à la Caisse Nationale.

*Grande-Bretagne*. — Il y existe, comme en France,

---

1. *Ann. législ. étrang.*, 1899, p. 535.
2. *Ann. législ. étrang.*, 1904, p. 416.
3. *Ibid.*, 1905, p. 579.
4. *Ibid.*, 1889, p. 935.
5. *Ibid.*, 1903, p. 664 et 666.

deux sortes de caisses d'épargne : les caisses privées
et la caisse postale. Les caisses privé es sont régies
par la loi 9 Georges IV, C. 92, par la loi 24 Victoria,
de 1855, C. 5 et par la loi 26-27 Victoria de 1863,
C. 87. La Caisse d'épargne postale, désignée dans le
nom de Post Office Savings Bank, a été instituée par la
loi du 17 mai 1861. Une loi du 1er août 1904 est relative aux transferts entre les caisses d'épargne postales
et les autres (1).

Aux Indes anglaises, la législation des caisses
d'épargne est contenue dans deux lois, l'une de 1897
et l'autre du 13 mars 1903 (2).

*Italie.* — L'Italie possède également des caisses
d'épargne ordinaires et des caisses d'épargne postales. Les caisses ordinaires sont régies par la loi du
15 juillet 1888 modifiée par celle du 17 juillet 1898 (3)
et les règlements du 4 avril 1889, du 21 janvier et du
22 juillet 1897 (4), ce dernier abrogé par le décret du
3 novembre 1898, modifié lui-même par celui du 13 du
même mois (5) et enfin du 11 juin 1902 (6). La Caisse
d'épargne postale est régie par la loi du 27 mai 1875,
modifiée par celle du 8 juillet 1897.

---

1. *Ann. législ. étrang.*, 1903, p. 2.
2. *Ibid.*, 1903, p. 774.
3. *Ann. législ. étrang.*, 1898, p. 391.
4. *Ibid.*, 1897, p. 482.
5. *Ibid.*, 1898, p. 391.
6. *Ibid.*, 1903, p. 205.

*Norvège*. — Les caisses ou banques d'épargne y sont régies par une loi du 6 juillet 1887 (1) modifiée par les lois du 27 juillet 1896 (2) et du 5 mars 1900 (3).

*Pays-Bas*. — Les Pays-Bas possèdent aussi des caisses privées et une caisse postale. Les caisses privées sont régies par leurs statuts particuliers. La caisse d'épargne postale a été fondée en 1881.

*Pérou*. — Ce pays possède une loi du 16 octobre 1901 sur les banques d'épargne (4).

*Portugal*. — Une caisse d'épargne nationale « la Caisa economica portugueza » y a été créée par la loi du 26 avril 1880, sous la garantie du gouvernement (5) Une loi postérieure du 2 juillet 1885, a érigé en agence, de la caisse d'épargne les bureaux télégraphiques et postaux désignés par le ministre des Travaux publics du Commerce et de l'Industrie. Il peut être créé des timbres d'épargne.

*Roumanie*. — Il y existe une caisse d'épargne qui est garantie par l'Etat et qui dépend de la Caisse des dépôts, consignations et économies ; elle est aidée par les bureaux de poste. Une loi des 31 janvier et 1<sup>er</sup> février 1903 (6) a créé une caisse d'épargne de secours et de crédits spéciale au corps enseignant.

---

1. Ibid., 1888, p. 719.
2. Ibid., 1896, p. 613.
3. Ibid., 1900, p. 428.
4. Ann. lég. étrang., 1901, p. 638.
5. Ibid., 1881, p. 345.
6. Ibid., 1903, p. 828.

*Russie.* — En Russie, les caisses d'épargne sont des institutions créées et administrées par l'Etat, responsable des dépôts. Les caisses sont jointes soit aux succursales de la Banque Nationale, soit aux banques communales, soit aux trésoreries de district. Le statut des caisses se trouve dans un avis du Conseil de l'Empire du 26 juin 1889 (1) confirmé par un autre avis du 1er juin 1895 (2). Une loi du 7 juin 1904 s'est occupée de la petite épargne (3).

*Suède.* — Il y existe des caisses d'épargne privées et une caisse d'épargne postale. Les caisses privées sont fondées librement par des associations. La loi actuelle sur les caisses d'épargne est celle du 29 juillet 1892 (4) modifiée le 29 juillet 1905 (5).

*Suisse.* — La réglementation des caisses d'épargne y varie suivant les cantons. Dans le canton d'Uri, l'article 42 de la Constitution du 6 mai 1888 porte : « La caisse d'épargne et ses opérations sont placées sous la direction et sous la garantie de l'Etat. » La législation actuelle de la caisse de ce canton se trouve dans la loi du 7 mai 1905, le règlement du 8 juillet et les statuts du 22 février de la même année (6).

---

1. *Ann. de législation étrangère*, 1890, p. 771.
2. *Ibid.*, 1895, p. 695.
3. *Ibid.*, 1904, p. 352.
4. *Ibid.*, 1892, p. 681.
5. *Ibid.*, 1905, p. 479.
6. *Ibid.*, 1905, p. 435.

Dupré         4

Dans le canton de Soleure, l'organisation se trouve dans un règlement du 12 octobre 1882 sur l'administration de la caisse cantonale d'épargne rendu en exécution des lois du 7 juin 1851 et du 30 mai 1860 (1).

Dans le canton de Lucerne, une loi du 27 mai 1885 (2), abrogeant celle du 31 mai 1876, détermine le but de la caisse d'épargne et de prêts lucernoise, en limite et en règle les opérations.

SECTION II

**Condition des Etrangers**

Toutes les législations que nous venons d'étudier présentent un caractère commun : nulle part il n'est fait mention de l'étranger et du national, et aucune distinction n'est établie entre eux. On ne retrouve par, par exemple, dans les lois françaises, une disposition analogue à celle de l'article 14 de la loi du 20 juillet 1886 sur la caisse des retraites pour la vieillesse qui admet que les étrangers résidant en France peuvent prendre part aux versements à faire à cette caisse à l'effet d'obtenir une pension de retraite. La question ne paraît cependant guère douteuse, et il nous paraît difficile de refuser à l'étranger le droit de faire des versements

---

1. *Ann. lég. étrang.*, 1884, p. 636.
2. *Ibid.*, 1886, p. 408.

aux caisses d'épargne. Telle est la doctrine enseignée et la pratique suivie en France (1).

La même solution doit exister dans les pays étrangers, au moins en Belgique, en Italie et dans les Pays-Bas ; nous n'en voulons comme preuve que les conventions conclues par les pays que nous venons de citer : elles impliquent l'adhésion des étrangers aux versements à la caisse d'épargne.

Bien entendu, la législation des caisses d'épargne s'applique, dans tous ses détails, aussi bien aux étrangers qu'aux nationaux. Les lois sur les caisses d'épargne nous paraissent, en effet, entrer dans la catégorie des lois d'ordre public ; par elles le législateur a cherché à pourvoir à un besoin général sous le rapport économique. Son intervention est très directe et elle se manifeste, même dans les législations les plus libérales, à l'égard des caisses libres. Cette intervention a pour but de rassurer l'épargnant, en lui garantissant la sécurité de ses placements. C'est donc une œuvre sociale au premier chef, et il nous paraît difficile de donner aux lois relatives à ces institutions le caractère d'ordre public.

La conclusion, nous l'avons indiquée par avance, c'est que toutes leurs prescriptions s'appliquent à tous ceux qui viennent faire des dépôts et les retirer, quelle que soit d'ailleurs leur nationalité.

---

1. Weiss. *Traité de droit intern. privé*, t. II, p. 137.

## Section III

### Conflits de lois

Mais alors une difficulté délicate va se présenter. Parmi les législations que nous avons énumérées plus haut, nombreuses sont celles qui permettent aux femmes mariées de se faire ouvrir des livrets personnels dans les caisses d'épargne et de disposer du montant de ces livrets, sans l'autorisation du mari pourvu que celui-ci ne fasse pas opposition au retrait.

Les pays qui admettent cette façon de procéder sont : la France (lois du 9 avril 1881, art. 6 et du 20 juillet 1895, art. 16, dont les dispositions sur ce point ont été généralisées par la loi du 13 juillet 1907 sur le libre salaire de la femme mariée) ; l'Italie (loi du 27 mai 1875, art. 11, al. 2) ; le Grand-Duché de Luxembourg (loi du 14 décembre 1887, art. 1), le Danemark (loi du 7 mai 1880) ; la Finlande (loi du 15 avril 1889) ; la Belgique (loi du 10 février 1900).

Certaines législations vont plus loin encore et assimilent à ce point de vue la femme mariée à la femme non-mariée, par exemple l'Angleterre (loi du 18 août 1882) et la Norvège (loi du 29 mai 1888).

La question se pose alors de savoir si toute femme mariée, quelle que soit sa nationalité, peut se prévaloir de dispositions de ce genre. Ainsi une femme étrangère, dont la législation n'apporte et n'admet aucune diminution de la puissance maritale, pourra-t-elle, en France, se réclamer de la disposition de la loi française et retirer les versements personnels sans l'autorisation de son mari (1) ?

Nous ne le croyons pas. Les lois sur les caisses d'épargne sont bien des lois d'ordre public, mais ce sont des lois d'ordre public *interne* et non pas international (2) ; elles ne sauraient s'opposer à l'application du principe suivi dans presque toutes les législations et formulé notamment par l'article 3 du Code civil français, à savoir que les lois concernant l'état et la capacité des personnes les suivent en pays étranger.

Nous appliquerons ici par analogie le raisonnement suivant de M. Weiss qui nous paraît tout à fait probant : « Un sujet hollandais ne sera réputé majeur, et par suite capable d'accomplir les actes de la vie civile sur notre territoire, qu'à l'âge de vingt-trois ans, fixé par sa législation nationale ; et nul ne songe à lui appliquer, dans tous les cas, avec quelque personne qu'il contracte, la disposition de l'article 488 du Code civil français qui déclare majeurs les Français âgés de

----

1. La question se pose en termes analogues pour les mineurs admis, sans aucune assistance ou autorisation, à faire des versements et à en opérer le retrait.

2. Voir sur cette distinction et les difficultés qu'elle soulève, Weiss, *Traité*, t. II, p. 83 et suiv.

vingt et un ans accomplis. Cette disposition n'est donc pas une disposition *d'ordre public international*. Et cependant elle touche à l'*ordre public interne*, en ce sens qu'il ne sera pas permis à des Français d'y contrevenir par leurs conventions, de modifier l'âge de la majorité légale, de se proclamer capables de contracter, par exemple, à vingt ans. Semblable déclaration n'aurait aucune valeur (art. 6 C. civil). D'où vient cette différence?

« De ce que l'intérêt général de l'état français veut que les personnes sur lesquelles sa souveraineté s'exerce a raison de leur nationalité ne puissent éluder les lois auxquelles il a été jugé nécessaire ou utile de les soumettre, tandis que cet intérêt ne sera nullement compromis, en général, si l'état et la capacité d'un étranger, sur lequel la souveraineté française n'étend aucune action personnelle, continuent à être régi chez nous par la loi de son origine (1). »

Nous croyons savoir que, en fait, dès qu'une difficulté est de nature à se présenter à cet égard, les caisses d'épargne françaises n'opèrent le remboursement aux femmes mariées étrangères qu'avec l'autorisation du mari.

---

1. Weiss, *op. cit.*, t. II, p. 87.

## Section IV

### Les conventions internationales

Par l'admission des étrangers aux versements à la
caisse d'épargne, la protection des travailleurs se
trouve en partie assurée dans les différents pays, puisque le travailleur est certain qu'il pourra partout bénéficier des avantages de la caisse d'épargne et surtout
de la sécurité que les établissements de ce genre présentent dans tous les pays quel que soit le régime
adopté.

Mais cette sécurité est un minimum ; il est nécessaire de faire plus si on veut donner au travailleur et à
son épargne une protection vraiment efficace, et, surtout à l'heure actuelle, avec la facilité de plus en plus
grande des communications entre les divers pays, avec
les tendances de plus en plus fortes avec l'internalisa-
tion des salaires, il faut se préoccuper du passage d'un
travailleur d'un pays étranger dans un autre.

Supposons, par exemple, un ouvrier d'une nationalité
quelconque qui, ayant travaillé en France, y avait pris
un livret de caisse d'épargne. Il va chercher du travail
dans le Luxembourg, et, n'en trouvant pas, il se rend
en Hollande où il est enfin occupé. Il a eu, pendant son
séjour dans le Luxembourg, besoin d'argent, et a eu

recours à son livret : les ennuis commencent pour lui. Il n'a pas pu obtenir son remboursement dans les bureaux de poste luxembourgeois, puisqu'il est porteur d'un livret français ; il lui a fallu se résigner à emprunter à des conditions onéreuses. Arrivé en Hollande, il a à subir de nouvelles difficultés. Pas plus qu'au Luxembourg il ne peut toucher ses économies ; il ne peut même pas obtenir le transfert de son livret français en Hollande et il lui faut accomplir toute une série de formalités pour demander son remboursement. Tant et si bien que si la somme est modique, le travailleur n'hésitera pas à l'abandonner.

Ce résultat est déplorable, d'abord au point de vue des intérêts pécuniaires de l'ouvrier, mais aussi et surtout au point de vue social, car il est de nature à le détourner de la pratique de l'épargne.

Sans doute l'ouvrier prudent aurait pu prendre ses précautions et aurait demandé le remboursement en France, avant son départ. Mais l'ouvrier n'est pas toujours prévoyant et avisé ; puis, il a peut-être été obligé de partir précipitamment ; enfin il a pu préférer ne pas emporter de l'argent liquide pour ne pas être tenté de le dépenser. Il est donc nécessaire de chercher un remède à cette situation.

Les inconvénients que nous venons d'indiquer se sont faits surtout sentir dans les rapports entre deux pays dont la pénétration réciproque est incessante, entre la Belgique et la France. Outre les affinités de race, de langue, de religion et d'intérêts qui existent entre ces deux pays, il y a sur la frontière de la Belgique et de la France, dans ce qui constituait autrefois les Flandres, toute une population d'ouvriers, principalement de mineurs, qui travaillent alternativement dans l'un ou l'autre pays. Certains ouvriers travaillent même le jour en France et retournent le soir en Belgique ou réciproquement. Les besoins d'intervenir étaient donc ici d'une urgence toute particulière (1).

Aussi, au lendemain de la création de la caisse d'épargne française (8 avril 1881), une convention était-elle signée entre les deux pays (31 mai 1882) (2). C'était la première convention internationale relative à la prévoyance sociale ; elle ouvrait une ère qui sera, nous l'espérons, féconde en résultats utiles, et pourtant elle passa inaperçue. Elle ne concernait que les caisses d'épargne nationales des deux pays ; elle permettait le transfert sans frais entre les deux pays des dépôts effectués par des ouvriers belges ou français. Quoique la Caisse d'épargne et de retraite de Belgique ne soit pas administrée comme celle de France par l'Administration des postes, elle recourait néanmoins pour les

1. Sur toute cette question V. Sumien. *La législation internationale des Caisses d'Epargne* (*Rev. de droit intern. privé*, 1905, p. 291 et suiv.)

2. Elle fut promulguée au *Journ. off. de la Républ. franç.* du 14 juin 1882, et au *Moniteur belge* du 14 juillet de la même année.

transferts à l'intermédiaire de l'Office des postes belge.

En 1897, cette convention fut remaniée, il s'agissait en effet de remettre ses termes en harmonie avec les dispositions nouvelles de la loi française du 20 juillet 1895 qui avait ramené, dans son article 4, de 2.000 à 1.500 francs le maximum des versements à la caisse d'épargne. On profita aussi de ce remaniement pour étendre la franchise aux livrets, afin que la caisse française pût, suivant son règlement, les faire vérifier annuellement, sans aucun frais pour les titulaires. Enfin il fut décidé que les caisses d'épargne des deux pays correspondraient désormais directement entre elles et en franchise par la voie postale.

La nouvelle convention signée à Paris le 4 mars 1897 fut promulguée dans les deux pays le même jour, le 6 septembre 1897 (1). Cette convention est ainsi conçue :

Article premier. — Les fonds versés à titre d'épargne, soit à la Caisse nationale d'épargne de France, soit à la Caisse générale d'épargne et de retraite de Belgique, pourront, sur la demande des intéressés et jusqu'à concurrence d'un maximum de mille cinq cents francs (1.500 fr.) être transférés, sans frais, de l'une des caisses dans l'autre, et réciproquement.

Les demandes de transferts internationaux seront reçues

_____

1. *Journ. off. de la Répub. franç.* du 8 septembre 1897 ; *Moniteur belge* du 7 septembre 1897.

en France et en Belgique, dans tous les bureaux de poste ou agences chargés, dans ces pays, du service de la caisse d'épargne.

Les fonds transférés seront, notamment en ce qui concerne le taux et le calcul des intérêts, les conditions de remboursement, d'achat et de revente de rente ou d'acquisition de carnets de rentes viagères, soumis aux lois, décrets, arrêtés et règlements régissant le service de l'administration dans la caisse de laquelle ces fonds auront été transférés.

Art. 2. — Les titulaires de livrets de la Caisse nationale d'épargne de France, ou de la Caisse générale d'épargne et de retraite de Belgique pourront obtenir, sans frais, le remboursement, dans l'un de ces pays, des sommes déposées par eux à la Caisse d'épargne de l'autre pays.

Les demandes de remboursements internationaux, rédigées sur des formules spéciales mises à la disposition du public, seront déposées par les intéressés entre les mains du chef de bureau ou du receveur des postes de leur résidence, qui les fera parvenir en franchise de port à la caisse d'épargne détentrice des fonds.

Les remboursements seront effectués en vertu d'ordres de paiement qui ne pourront excéder mille cinq cents francs (1.500 fr.) chacun. Toutefois, jusqu'au 31 décembre 1900, chaque ordre de paiement pourra atteindre le chiffre de deux mille francs (2.000 fr.).

Les ordres de remboursement seront payables seulement dans les établissements de poste ou autres chargés du service de la caisse d'épargne. Ils seront adressés directement et en franchise de port, par la caisse d'épargne qui les aura délivrés, aux bureaux désignés pour le paiement.

Art. 3. — Chaque administration se réserve le droit de rejeter les demandes de transferts ou de remboursements internationaux qui ne rempliraient pas les conditions exigées par ses règlements intérieurs.

Art. 4. — Les sommes transférées d'une caisse dans l'autre porteront intérêt, à charge de l'administration primitivement détentrice des fonds, jusqu'à la fin du mois pendant lequel cette demande s'est produite, et à charge de l'administration qui accepte le transfert à partir du premier jour du mois suivant.

Art. 5. — Il sera établi, à la fin de chaque mois, par la Caisse nationale d'épargne de France et par la Caisse générale d'épargne et de retraite de Belgique, un décompte des sommes qu'elles se doivent respectivement, du chef des opérations faites pour le service de la Caisse d'épargne, et, après vérification contradictoire de ces décomptes, la caisse reconnue débitrice se libèrera, dans le plus bref délai possible, envers l'autre caisse, au moyen de traites ou de chèques sur Paris ou sur Bruxelles.

Art. 6. — La caisse d'épargne de chacun des pays contractants pourra correspondre directement et en franchise, par la voie postale, avec la caisse de l'autre pays.

Art. 7. — Les bureaux de poste des deux pays se prêteront réciproquement concours pour le retrait des livrets à régler ou à vérifier.

L'échange des livrets entre la caisse d'épargne de chaque pays et les bureaux de poste ou agences de l'autre pays aura lieu en franchise.

Art. 8. — La Caisse nationale d'épargne de France et la Caisse d'épargne et de retraite de Belgique arrêteront, d'un commun accord, après entente avec les administrations des postes des deux pays, les mesures de détail et d'ordre nécessaires pour l'exécution de la présente convention.

Art. 9. — Chaque partie contractante se réserve la faculté, dans le cas de force majeure ou de circonstances graves, de suspendre en tout ou en partie les effets de la présente convention.

Avis devra en être donné à l'administration correspondante par la voie diplomatique.

L'avis fixera la date à partir de laquelle le service international cessera de fonctionner.

Art. 10. — La présente convention aura force de valeur à partir du jour dont les caisses d'épargne des deux pays conviendront, dès que la promulgation en aura été faite d'après les lois particulières à chacun des deux Etats, et elle demeurera obligatoire jusqu'à ce que l'une des deux parties contractantes ait annoncé à l'autre, six mois au moins à l'avance, son intention d'en faire cesser les effets. Pendant les six derniers mois, la Convention continuera d'avoir son exécution pleine et entière, sans préjudice de la liquidation et du solde des comptes entre les caisses d'épargue des deux pays après l'expiration dudit terme.

Art. 11. — La présente convention sera ratifiée et les ratifications seront échangées à Paris aussitôt que faire se pourra.

L'idée générale qui a inspiré cette convention consiste à traiter les dépôts effectués dans les deux pays contractants, exactement comme s'ils étaient faits dans le pays du national même. A cet effet les fonds versés, soit à la Caisse nationale d'épargne de France, soit à la Caisse générale d'épargne et de retraite de la Belgique, peuvent, sur la demande des intéressés, et jusqu'à concurrence de 1.500 francs, être transférés *sans frais*, en tout ou en partie (1), de l'une des caisses dans l'autre, et réciproquement. De même, les titulaires de livrets en France, en Belgique ou en Italie peuvent obtenir *sans frais*, le remboursement dans l'un de ces pays, des sommes déposées par eux à la caisse d'épargne d'un autre pays. Les ordres de remboursement sont adressés directement et en franchise de port, par la caisse d'épargne qui les a délivrés aux bureaux désignés pour le payement.

Il nous suffira pour montrer l'importance économique de cette convention de citer les chiffres suivants, empruntés au dernier rapport au Président de la République française sur les opérations de la Caisse nationale d'épargne, paru le 25 octobre 1907. Le nombre total des opérations entre les deux pays a été en accroissement continu depuis 1882, sauf en 1893 et en 1904, où une légère décroissance a été remarquée.

---

1. Sous l'empire de la convention de 1882, le transfert ne pouvait avoir lieu que pour le tout.

Le nombre total des opérations effectuées entre la France et la Belgique a été :

| | | | |
|---|---|---|---|
| En 1882 | de | 22.303 fr. | 77 |
| — 1892 | — | 366.497 | 19 |
| — 1902 | — | ˙ 862.937 | 12 |
| — 1903 | — | 940.492 | 06 |
| — 1904 | — | 838.059 | 93 |
| — 1905 | — | 1.017.296 | 27 |
| — 1906 | — | 1.117.107 | 26 |

Quelque temps après, la Belgique signait avec les Pays-Bas une convention du même genre. Cette convention, signée le 8 novembre 1902 (1), est absolument identique à celle de 1897 avec la France. Elle en reproduit exactement les termes, sauf en ce qui concerne la limitation du dépôt à 1500 francs, la Caisse d'épargne postale de la Hollande ne fixant pas de maximum aux versements, mais seulement un minimum de 25 *cents*. Elle ne concerne également que les caisses nationales.

La troisième grande convention relative aux caisses d'épargne est l'arrangement franco-italien. Il fut annexé à la convention de travail signé à Rome le 15 avril 1904 entre la France et l'Italie et il fut promulgué en

---

1. Elle a été promulguée au *Moniteur belge* du 24 mai 1903. V. aussi *Archives diplomatiques*, 3ᵉ série, 1903, t. LXXXVII, p. 18.

France par le décret du 8 octobre 1904 (1). Il est
calqué textuellement sur la convention fronco-belge
du 4 mars 1897.

L'arrangement franco-italien de 1904, comme les
conventions franco-belge et belge-néerlandaise, ne concernait que les caisses nationales d'épargne. Dans les
rapports entre la France et l'Italie, un pas de plus a
été fait : un arrangement spécial a été conclu concernant aussi les caisses d'épargne ordinaires des deux
pays. Cet arrangement, signé à Paris le 20 janvier
1906, fut promulgué en France par la loi du 3 août
1906 (2) et en Italie par le décret du 27 décembre de la
même année (3).

Il diffère nécessairement de celui relatif aux caisses
nationales, et cela à raison même des différences existant entre les deux catégories de caisses d'épargne.

Il est ainsi conçu :

Article premier. — L'autorité compétente de chacun des
deux Etats contractants notifiera à l'autorité compétente de
l'autre la liste des caisses d'épargne ordinaires qui, ayant
leur siège dans de grandes agglomérations industrielles ou
dans des villes-frontières, seront chargées, sur leur demande,
d'effectuer les transferts des dépôts aux conditions et avec
les facilités indiquées dans les articles suivants.

Les modifications à la liste initiale seront notifiées de

--------

1. *Journ. off. de la Républ. franç.* du 12 octobre 1904.
2. *Journ. off. de la Républ. franç.* du 8 août 1906.
3. *Gazetta ufficiale* du 20 janvier 1907.

même avec indication des dates auxquelles elles commence-
ront ou cesseront d'avoir effet.

Art. 2. — Les sommes versées à titre d'épargne à une des
caisses d'épargne susvisées existant en Italie pourront, sur
la demande de l'intéressé et jusqu'à concurrence de
1.500 francs, être transférées sans frais à une caisse d'épargne susvisée existant en France, et réciproquement.

La demande de transfert sera rédigée par l'intéressé en
triple exemplaire dans la forme qui devra être concertée
entre les administrations compétentes des deux pays. Elle
sera remise ou adressée à la caisse d'épargne dépositaire
ou bien à ses succursales ou caisses filiales.

Art. 3. — Les fonds transférés seront soumis, notamment en ce qui concerne le taux et le calcul des intérêts,
ainsi que les conditions de remboursement, aux lois, décrets,
instructions et statuts régissant à cet égard la caisse à la
quelle les fonds auront été transférés.

Art. 4. — A chaque transfert de fonds, la caisse expéditrice devra transmettre à la caisse destinataire un des exem-
plaires de la demande formulée par l'intéressé. Elle lui fera
parvenir en même temps la somme correspondante par man-
dat de poste international.

Art. 5. — Par application de l'article 8 de l'arrangement
international de Washington du 15 juin 1897 sur le service
des mandats de poste, il est entendu que les mandats de
poste délivrés pour le transport des fonds entre les caisses
ordinaires d'épargne en France et en Italie seront considé-
rés comme « mandats d'office », exempts de toute taxe. L'ad-

Dupré                                                    5

ministration du pays d'origine n'aura pas à tenir compte à l'administration du pays destinataire de la part des droits prévus au paragraphe 2 de l'article 3 de l'arrangement susmentionné.

Art. 6. — Les demandes de transfert sont envoyées aux caisses destinataires par les caisses expéditrices et à leur charge, sans frais pour les intéressés.

Art. 7. — La caisse destinataire, dès qu'elle aura reçu la somme et la demande mentionnée dans l'article 4, devra en informer la caisse expéditrice par l'envoi d'un avis dont la forme sera concertée entre les administrations compétentes des deux pays. Elle devra pourvoir immédiatement au remboursement, s'il a été régulièrement demandé, ou bien à la délivrance du livret.

Art. 8. — Chaque partie contractante se réserve la faculté, dans le cas de force majeure ou de circonstances graves, de suspendre en tout ou en partie les effets du présent arrangement.

Avis devra en être donné à l'administration compétente de l'autre Etat par la voie diplomatique. L'avis fixera la date à partir de laquelle les dispositions qui font l'objet du présent arrangement cesseront d'avoir effet.

Art. 9. — Les administrations compétentes des deux pays arrêteront d'un commun accord, après entente avec les administrations postales, les mesures de détail et d'ordre nécessaires pour l'exécution dudit arrangement.

Art. 10. — Le présent arrangement aura force et valeur à partir du jour dont les administrations compétentes des deux Etats conviendront, dès que la promulgation en aura

été faite d'après les lois particulières à chacun des deux
Etats. Sauf le cas prévu à l'article 5 de la convention du
15 avril 1904, le présent arrangement demeurera obligatoire
pendant une durée de cinq années.

Les deux parties contractantes devront se prévenir mutuellement une année à l'avance, si leur intention est d'y
mettre fin à l'expiration de ce terme.

A défaut d'un tel avis, l'arrangement sera prorogé d'année
en année pour un délai d'un an, par tacite reconduction.

Lorsqu'une des deux parties contractantes aura annoncé
à l'autre son intention d'en faire cesser les effets, l'arrangement continuera d'avoir son exécution pleine et entière
pendant les douze premiers mois.

Cet arrangement a été mis en œuvre par un règlement du 4 juillet 1907 relatif aux transferts de dépôts
entre les caisses, et fixant au 1er novembre 1907 le
point de départ de la mise en pratique (1). Il est ainsi
conçu :

Article premier. — Les transports de dépôts entre les
caisses d'épargne ordinaires françaises et les caisses d'épargne italiennes auront lieu dans les conditions déterminées
par le règlement annexé au présent décret.

Art. 2. — Lesdits transferts seront effectués à compter
du 1er novembre 1907 entre les caisses d'épargne françaises

---

1. L'arrangement a été publié au *Journ. off. de la Répub. franç.* le
9 juillet et à la *Gazzetta ufficiale* du 19 juillet de la même année.

ét les caisses d'épargne italiennes qui seront ultérieurement mentionnées au *Journal officiel de la République française*.

Enfin, conformément à l'article 2 de cet arrangement, le gouvernement français arrêtait le 20 septembre 1907 la liste des caisses d'épargne françaises admises à effectuer les transferts de dépôts aux conditions de l'arrangement (1). Ces caisses d'épargne sont celles de : Albertville, Ajaccio, Annecy, Barcelonnette, Bastia, Bonneville, Briançon, Brignoles, Cannes, Castellane, Chambéry, Digne, Draguignan, Forcalquier, Gap, Grasse, Lyon, Manosque, Marseille, Nice, Paris, Puget–Théniers, Saint-Jean–de-Maurienne, Sisteron, Saint-Tropez, Thonon, Toulon, Valensole, Vence.

De son côté, le gouvernement italien arrêtait le 25 octobre de la même année la liste analogue des caisses d'épargne italiennes (2).

Ce sont les caisses d'épargne de : Alba, Alexandria Ancona, Aquila, Biella, Bologna, Camerino, Cesena, Chiavuri, Chieti, Citta di Castello, Cotenza, Ferrera, Firenze, Foligno, Forli, Fassano, Genava, Macerata, Moudon, Napoli, Padova, Parma, Piacenza, Pinerola, Prato, Ravenna, Rimini, Roma, Saluzzo, Savigliano, Savona, Siena, Torino, Udine, Vercelli, Verona, Vigevano, Voghera.

------

1. *Journ. off. de la Républ. franç.* du 30 octobre 1907.
2. *Gazzetta ufficiale* du 25 octobre 1907.

En 1906, les opérations entre la France et l'Italie ont été, d'après le document que nous citions tout à l'heure à l'occasion de la convention franco-belge, de 253.240 fr. 06 depuis le 1ᵉʳ juin 1906 seulement.

En dehors de ces conventions nous devons mentionner que la France possède un arrangement d'un ordre tout particulier avec un pays qui se trouve d'ailleurs à son égard dans un état d'étroite dépendance, avec la Tunisie. Mais à raison même de cette dépendance, cette question sort un peu de notre cadre et nous nous contenterons de renvoyer le lecteur à la convention franco-tunisienne et au règlement du 20 mars 1888 (1).

1. V. également Sumien, *op.* et *loc. cit.*, p. 296 et suiv.

# CHAPITRE III

## LES RETRAITES OUVRIÈRES

De toutes les assurances sociales, celle contre la vieillesse et l'invalidité est actullement la plus instamment réclamée par les ouvriers. Comme l'action de l'initiative privée (patrons ou sociétés de secours mutuels) paraît ici assez peu efficace, à cause de la grandeur des sacrifices pécuniaires à consentir, c'est vers l'Etat qu'on se retourne et l'on réclame véhémentement son intervention. Mais le problème est difficile à résoudre et surtout les charges qu'il impose sont si lourdes que cette assurance n'est organisée que dans peu d'Etats ; dans d'autres, elle est en voie d'organisation, mais les difficultés qu'elle rencontre sont fort grandes.

### Section I

### Les législations

*Allemagne.*— L'assurance contre l'invalidité et la vieillesse y a été organisée par la loi du 22 juin 1889 qui a été remplacée par celle du 13 juillet 1899 (1).

---

1. V. la traduction de cette loi par M. Bellom dans le *Bull. com. perm,*

Cette loi, très touffue et très complexe, comme toutes les lois réglementaires allemandes en cette matière, contient de nombreuses dispositions relatives aux étrangers. Le système de pensions qu'elle établit, obligatoirement d'ailleurs, s'applique aussi bien aux étrangers qu'aux nationaux. Elle contient aussi des dispositions de droit international qu'il est intéressant de relever.

Les dispositions de la loi relative aux étrangers sont renfermées dans les articles 4, 26, 48, 65 et 170.

Au termes de l'article 4 : « Le Conseil fédéral a le droit de décider que des étrangers, qui ne sont officiellement autorisés que pour un temps détermimé à résider en Allemagne et qui, à l'expiration de cette période, doivent retourner à l'étranger (1), ne sont pas assujettis à l'assurance. Lorsqu'une telle disposition est formulée, les patrons qui occupent de tels étrangers doivent, conformément aux dispositions de détail édictées par l'Office impérial des assurances, payer à l'institut d'assurance la somme qu'il devraient payer de leurs propres deniers pour l'assurance des étrangers, si

acc. trav., 1899, p. 364 et suiv. — Ann. lég. étrang., 1899, p. 110. — Adde la publication du ministère du Commerce intitulée : L'assurance obligatoire contre l'invalidité en Allemagne.

1. C'est bien la preuve que les étrangers qui ne sont pas seulement de passage, qui ne sont pas des transeuntes, sont assujettis au régime de l'assurance obligatoire contre l'invalidité et la vieillesse, tout comme les nationaux,

ces derniers étaient assujettis à l'obligation de l'assurance. »

L'article 26 renferme une disposition dont nous retrouverons l'analogue dans bien d'autres législations et dans d'autres matières : « Si le bénéficiaire est un étranger, il peut, dans le cas où il cesse de résider dans l'Empire allemand, être désintéressé par le paiement d'une somme égale au triple de la pension annuelle. Une décision du Conseil fédéral peut supprimer l'application de cette disposition pour des territoires frontières déterminés ou pour les sujets d'Etats étrangers dont la législation garantit aux ouvriers allemands une assurance équivalente en cas d'incapacité de travail ou de vieillesse (1). »

L'article 48-4° déclare suspendre le droit au bénéfice de la pension « tant que l'intéressé n'a pas en Allemagne sa résidence habituelle ; mais — ajoute-t-il — une décision du Conseil fédéral peut supprimer l'application de cette disposition pour des territoires frontières déterminés ou pour les Etats étrangers dont la législation garantit aux ouvriers allemands une assistance équivalente en cas d'incapacité de travail et de vieillesse » (2).

---

1. On sait que le droit commun général allemand attribue, en principe, aux étrangers tous les droits privés dont les indigènes ont la jouissance, mais que cette assimilation trouve une limite dans le droit de rétorsion qui permet au juge d'en refuser le bénéfice à l'étranger dont la loi ne traite pas les sujets allemands d'une manière aussi favorable que les nationaux. V. Weiss. *Traité de droit intern. privé*, t. II, p. 492.

2. C'est toujours l'application du système de réciprocité législative.

En ce qui concerne la création des institutions d'assurance, l'article 65 déclare que si l'occupation des personnes assurées « a lieu à titre temporaire à l'étranger, mais dans une exploitation dont le siège est situé en Allemagne, l'assurance est réalisée auprès de l'institution d'assurance du siège de l'exploitation ».

Enfin, aux termes de l'article 170, alinéa 2, « les personnes qui ne résident pas en Allemagne peuvent être invitées, par les autorités dont émanent les notifications, à désigner un mandataire aux fins de recevoir ces notifications. Si un tel mandataire n'est pas désigné dans le délai fixé, la notification peut être remplacée par l'affichage public durant une semaine, dans les locaux affectés à l'autorité dont émane la notification et aux organes des institutions d'assurances. Il en est de même si la résidence du bénéficiaire est inconnue.

En ce qui concerne les conflits de lois, il nous semble que deux règles, parmi les dispositions de la loi, peuvent être retenues. C'est tout d'abord l'article 11 *in fine* qui dispose que : « Les assurés, lorsqu'ils prennent à titre temporaire du service sur des navires étrangers, leurs familles restant du moins en Allemagne, ou que, pour d'autres motifs, ils quittent l'occupation assujettie à l'obligation de l'assurance, doivent être admis à continuer l'assurance en conformité des dispositions de la présente loi, non seulement pour l'as-

surance contre l'invalidité, mais encore pour l'assurance des veuves et des orphelins. »

C'est en second lieu l'article 164 qui, bien que ne
statuant pas pour un conflit de lois étrangères, pose
néanmoins un principe qu'il peut être intéressant de
conserver comme solution dans les conflits internationaux possibles : « Les fonds des institutions de prévoyance — dit cet article 164 — doivent être placés selon le mode défini par les articles 1807 et 1808 du Code
civil (1). Si l'institution d'assurance a son siège dans

---

1. Ces articles sont ainsi conçus :

Art. 1807. — Le placement des fonds du pupille ordonné par l'article 1806 ne peut être fait que par l'un des modes suivants :

1º En créances, garanties par une hypothèque sûre affectant des immeubles sis à l'intérieur, ou en dettes foncières, ou en rentes foncières sur
des immeubles sis à l'intérieur ;

2º En créance sur l'Empire ou un Etat confédéré, ou en créances inscrites sur le Grand Livre de la Dette publique de l'Empire ou d'un Etat
confédéré ;

3º En créances dont les intérêts soient garantis par l'Empire ou un
Etat confédéré ;

4º En valeurs, en particulier, en lettre de gages et en créances de
toutes espèces sur les corporations communales de l'intérieur, ou sur les
institutions de crédit de ces corporations, lorsque les valeurs ou créances ont été déclarées par le Conseil fédéral propre au placement des
onds des mineurs ;

5º A une caisse d'épargne publique de l'intérieur lorsque cette caisse
a été déclarée, par les autorités compétentes de l'Etat confédéré, propre
à recevoir les fonds des mineurs.

Les lois des pays confédérés peuvent, pour les biens situés dans leur
ressort, établir les règles d'après lesquelles on doit apprécier la sûreté d'une
hypothèque, d'une dette foncière et d'une rente foncière.

Art. 1808. — Lorsque le placement, d'après les circonstances, ne doit
pas avoir lieu de la manière fixée par l'article 1807, l'argent doit être

un Etat confédéré pour le territoire duquel une pres-
cription de la législation d'Etat admet des valeurs
pour le placement de fonds de tutelle (art. 212 de la
loi sur la mise en vigueur du Code civil), leurs fonds
peuvent être également placés en valeurs de cette nature. »

*Australie*. — Ce pays a depuis peu une loi sur les
pensions d'invalidité et de vieillesse : c'est celle du
10 juin 1908 (1). Aux termes de son article 16, sont exclus
du droit à la pension : *a*) les étrangers ; *b*) les natu-
ralisés· sujets du roi qui n'ont pas été naturalisés trois
ans au moins avant la date de leur demande de pension ;
*c*) les Asiatiques (à l'exception de ceux qui sont nés en
Australie) et les indigènes de l'Australie, de l'Afrique,
des Iles du Pacifique ou de la Nouvelle-Zélande. Une
femme mariée à l'une des personnes exclues par cet article n'est pas disqualifiée par le seul fait de son ma-
riage.

D'autre part, d'après l'article 17, nul n'a le droit à
une pension de vieillesse : *a*) s'il ne réside pas en Australie à la date de la demande de pension ; — *b*) s'il n'a,
à cette date, au moins vingt-cinq ans de résidence de

---

placé à la Banque impériale, à celle d'un Etat ou d'une autre banque
de l'intérieur déclarée apte à cet effet par une loi d'un Etat ou d'une
caisse de consignation.

1. V. une analyse de cette loi, *Bull. com. perm. acc. du travail*, 1908,
p.533.

continue. La résidence continue en Auslralie n'est pas considérée comme interrompue par des absences occasion nelles dont la durée n'excède pas le dixième de la résidence exigée. N'est pas réputé absent le postulant ou le titulaire qui établit que, pendant la période d'absence, il a conservé son domicile en Australie et qu'il y a pourvu aux besoins de sa femme et de sa famille (art. 18).

Le titre IV de la loi (art. 19 et suiv.) organise les pensions d'invalidité. Aux termes de l'article 20, tout individu peut avoir droit à une pension d'invalidité, dans les conditions déterminées par ce texte, *tant qu'il réside en Australie*. L'article 21 exclut de ce droit les personnes précédemment exclues par l'article 16 du bénéfice des pensions de vieillesse (c'est-à-dire notamment les étrangers) à l'exception toutefois des naturalisés. L'article 22 applique aux pensions d'invalidité les prescriptions de l'article 17 relatives notamment à la résidence en Australie, avec cette différence cependant que la durée de la résidence continue est ramenée dans ce cas à cinq ans, et que, d'autre part, l'incapacité permanente se soit produite en Australie. Le pensionné qui quitte l'Australie sans esprit de retour perd son droit à une pension (art. 46).

*Autriche*. — On y a promulgué le 16 décembre 1906 (1)

---

1. *Bull. com. perm. accid. du trav.*, 1907, p. 203 et 488. Le gouvernement autrichien a déposé, le 3 novembre 1908, sur le bureau de la

une loi sur l'assurance de pensions des personnes employées dans des services privés et de certains employés des services publics. Cette loi, qui n'est entrée en vigueur que le 16 décembre 1908, admet à cette assurance même les étrangers ; c'est ce qui nous paraît résulter de la disposition de son paragraphe 21. En effet, dans ce paragraphe, le texte, après avoir déterminé dans quels cas le droit à la jouissance d'une pension d'invalidité ou d'une veuve ou d'une rente d'enfant est suspendu, ajoute *in fine* : « Si ces personnes ne possèdent pas la nationalité autrichienne, elles peuvent renoncer à leur droit à une rente moyennant le versement d'un capital suivant l'importance du cas. »

*Belgique*. — Les pensions de retraite y sont organisées par la loi du 10 mai 1900 (1) modifiée par celle du 20 août 1903 (2). Aux termes de l'article 3, « pour être admis au bénéfice des primes d'encouragement accordées par l'Etat en vertu de la loi, il faut : 1° *Être Belge* et avoir une résidence en Belgique. Sont admis toutefois au bénéfice des primes les *étrangers* ayant depuis dix ans leur résidence en Belgique et appartenant à une nation qui accorde des avantages analogues aux Belges. »

Chambre des députés, un très important projet de loi relatif à l'assurance sociale en général ; les dispositions les plus intéressantes concernant les retraites ouvrières. V. une analyse de ce projet par le Dr Julius Kaan, dans *Bull. com. perm. accid. du trav.*, 1908, p. 540 et s.

1. *Bull. com. perm. acc. du trav.*, 1903, p. 5.

2. *Ibid.*, 1904, p. 378.

*Danemark.*— Ce pays possède une loi sur le secours à la vieillesse en faveur des indigents méritants, qui est du 9 avril 1891 (1) ; elle a été modifiée le 7 avril 1899 et le 23 mai 1902 (2). C'est plutôt une loi d'assistance qu'une loi de prévoyance (3). Elle ne contient aucune disposition relative aux étrangers ; mais, comme elle n'est qu'un titre détaché de la loi plus étendue du même jour (9 avril 1891) sur l'assistance publique (4), il y a lieu de se reporter à ce texte général pour y chercher les principes généraux. Or, dans son chapitre II, cette loi reconnaît aux étrangers un droit à l'assistance, lorsqu'ils ont obtenu l'indigénat.

*France.* — La France ne connaît pas encore de système général d'assurance contre l'invalidité et la vieillesse ; une loi très importante sur les retraites ouvrières est, comme nous le verrons, en préparation en ce moment devant les Chambres : elle n'a pas encore abouti. Il y a eu cependant des essais partiels de tentés en France. Mentionnons tout d'abord la loi du 20 juillet 1886 relative à la Caisse nationale des retraites pour la vieillesse. Aux termes de son article 14, « les étrangers résidant en France sont autorisés à faire des versements à la Caisse des retraites pour la

---

1. *Annales de législation étrangère,* 1891, p. 787.
2. *Ibid.,* 1902, p. 536.
3. *Ibid.,* 1891, p. 787.
4. *Ibid.,* 1891, p. 785.

vieillesse, aux mêmes conditions que les nationaux. Toutefois, ces étrangers ne pourront jouir, en aucun cas, des bonifications dont il est parlé au deuxième paragraphe de l'article 11 » (1).

Une autre tentative est celle de la loi du 29 juin 1904 rectifiée le 19 décembre de la même année, sur les caisses de secours et de retraites des ouvriers mineurs. Elle ne contient aucune disposition relative aux versements que pourraient effectuer les ouvriers étrangers.

Une loi du 27 décembre 1895 concerne les caisses de secours, de retraite et de prévoyance fondées au profit des employés et ouvriers. Elle ne contient non plus aucune disposition relative aux employés et ouvriers étrangers.

Enfin, la Chambre des députés français, après une longue élaboration parlementaire et à la suite d'une discussion très ample, a voté le 23 février 1906 une grande loi sur les retraites ouvrières. Ce projet est actuellement soumis au Sénat et il est à présumer qu'il subira d'importantes modifications et bien des vicissitudes encore, avant d'être promulgué et de devenir un texte législatif.

Quoi qu'il en soit et pour nous en tenir à ce texte

---

1. Ce sont les bonifications accordées à l'aide d'un crédit ouvert chaque année au budget du ministère de l'Intérieur.

provisoire, la législation nouvelle, qui abroge d'ailleurs dans son article 30 toutes les dispositions antérieures contraires et notamment celles relatives aux retraites des ouvriers mineurs, contient, dans son article 4, une disposition en faveur des ouvriers étrangers. D'après cet article, « les ouvriers et employés étrangers, immatriculés en conformité de la loi du 8 août 1893 et résidant en France, sont soumis au même régime que les ouvriers et employés français. Toutefois ils ne peuvent bénéficier des versements patronaux ou des majorations budgétaires que si les dispositions de la présente loi à cet égard leur sont rendues en tout ou en partie applicables par des traités avec les pays d'origine garantissant à nos nationaux des avantages équivalents, ou bien s'il s'est écoulé plus de cinq ans depuis leur immatriculation. Dans ce dernier cas, la retraite éventuelle, déjà acquise pendant les cinq premières années est doublée au moyen du fonds de bonifications prévu ci-après et, si l'assuré est atteint d'invalidité absolue et permanente, ou s'il décède, application est faite des dispositions des articles 9 et 10. Lorsqu'il n'y a pas lieu à applications de l'alinéa précédent, les versements patronaux sont affectés au fonds de bonifications. Lesdits versements sont portés à quatre pour cent (4 0/0) lorsque les ouvriers ou employés étrangers ne sont point immatriculés ou ne résident pas en France ».

Enfin l'article 32 de ce même projet impose, *à titre*

Dupré                                        6

*transitoire*, aux ouvriers, employés ou domestiques et aux anciens ouvriers, employés ou domestiques, pour recevoir l'allocation annuelle que la loi leur accorde, d'être de nationalité française « depuis cinq ans au moins ».

*Grande Bretagne.* — Tout récemment, le 1ᵉʳ août 1908 (1) une loi y a été votée sur les retraites ouvrières. Cette loi est d'ailleurs plutôt, par l'organisme qu'elle institue, une loi d'assistance qu'une loi d'assurance (2).

Aux termes de son article 2, « pour recevoir la pension de vieillesse, toute personne doit remplir les conditions suivantes...... être depuis au moins vingt ans (jusqu'à la réception de toute somme à valoir sur la pension) un *sujet anglais* et avoir sa résidence dans le Royaume Uni ; cette résidence sera déterminée par les règlements à intervenir pour l'application de la présente loi.

*Italie.* — La caisse nationale de prévoyance pour l'invalidité et la vieillesse des ouvriers y a été organisée par une loi du 17 juillet 1898, suivie de plusieurs règlements et le tout a été codifié par la loi du 28 juillet 1901 (3) modifiée le 13 mars 1904 (4) et le 30 décembre 1906 (5). L'article 8 de la loi du 28 juillet 1901

1. *Bull. com. perm. acc. trav.*, 1908, p. 299.
2. *Ibid.*, 1908, p. 299.
3. *Bull. com. perm. accid. du trav.*, 1903, p. 571.
4. *Ibid.*, 1907, p. 520, note 2.
5. *Ibid.*, 1907, p. 520.

porte : « Peuvent être inscrits à la Caisse nationale les citoyens *italiens* des deux sexes... »

*Nouvelle Zélande*. — D'après la loi du 1ᵉʳ novembre 1898 (1) modifiée le 18 octobre 1900 (2) et le 29 juillet 1905 (3), et, aux termes de son article 8, nul ne peut avoir droit à une pension qu'à la condition de résider dans la colonie depuis trente-cinq ans au moins avant a date où il établit ses droits à la pension.

*Roumanie*. — La Roumanie possède une loi sur les retraites ouvrières, mais spéciale aux ouvriers mineurs. C'est une loi des 20 avril-2 mai 1895, qui porte législation générale des mines, mais dont le dernier titre, s'occupant du sort des ouvriers mineurs, prévoit la création de deux caisses, l'une de secours, l'autre de retraites, alimentées à parts égales par les ouvriers et par les patrons, et règle le fonctionnement de ces deux caisses d'une façon très intéressante (4).

C'est la première loi sociale votée en Roumanie et le rapport de son rapporteur au Sénat montre que la gravité et la grandeur de la question sociale n'ont pas échappé à la perspicacité des hommes d'Etat roumains. Nous ne voulons ici en retenir que ce point particulier : Son article 107 déclare que les caisses de secours se-

---

1. *Ibid.*, 1907, p. 296.
2. *Ibid.*, 1907, p. 311.
3. *Ibid.*, 1907, p. 314.
4. V. la traduction de cette loi et une étude sur elle dans le *Bull. com. perm. accid. du trav.*, 1894-1895, p. 445 et suiv.

font alimentées par les cotisations des « ouvriers *per-manents, sans distinction de nationalité*, qui seront employés dans les mines, carrières et établissements ou fabriques dépendant de ces industries ». Bien que le titre spécial aux caisses de pensions ne contienne pas la même assimilation entre les nationaux et les étrangers, nous croyons qu'elle s'applique pour les caisses de pensions comme pour les caisses de secours. Ces deux sortes de caisses sont en effet alimentées par les mêmes ouvriers et l'article 107, placé au début même du dernier titre, le domine tout entier.

*Suisse*. — Le canton de Vaud a créé récemment des retraites populaires par une loi du 2 mars 1907 (1). Peuvent s'assurer, aux termes de cette loi, à la caisse publique instituée à cet effet « tous les *citoyens Vaudois* domiciliés dans le canton ou même vivant à l'étranger. »

## Section II

### Condition des Etrangers

Si on passe en revue les différentes lois sociales que nous venons d'analyser dans leurs rapports avec les étrangers, on ne peut manquer d'être frappé par une remarque : elles présentent, à cet égard, un contraste frappant avec les lois sur les autres matières de l'as-

---

1. *Bull. com. perm. acc. du trav.*, 1907, p. 561.

surance et de la prévoyance sociales. **Tandis** que cel-
les-ci ont une **t**endance de plus en plus nette à l'assimilation de principe de l'étranger au national, celles-là,
au contraire, se montrent sur ce point d'une extrême
prudence. Les unes déclarent que n'auront droit aux
retraites ouvrières que les nationaux, en en exceptant
même les naturalisés pendant un certain temps (1) ;
d'autres imposent aux parties prenantes un stage si
long et si continu qu'en fait il équivaut à la naturalisa-
tion (2) ; d'autres encore demandent la réciprocité diplomatique ou législative (3) ; d'autres enfin plus géné-
reuses établissent l'assimilation de principe du national et de l'étranger, mais presque toutes y apportent
des restrictions plus ou moins grandes (4).

---

1. Loi anglaise du 1er août 1908 ; loi italienne du 28 juillet 1901 ;
loi vaudoise du 2 mars 1907 ; loi australienne du 10 juin 1908 ; projet
de loi français, dans ses dispositions transitoires exigeant (art. 32) la
nationalité française depuis cinq ans au moins.

2. Loi belge du 10 mai 1900 (dix ans), loi danoise du 9 avril 1891
(obtention de l'indigénat) loi zélandaise du 1er novembre 1898 (trente-
cinq ans), projet de loi français (cinq ans), loi australienne du 10 juin
1908 (vingt-cinq ans).

3. Loi allemande du 13 juillet 1899 (art. 26 et 48) ; loi belge du
20 août 1903 ; projet de loi français.

4. Loi allemande du 13 juillet 1899 (art. 26 et 48) : elle admet d'ailleurs la possibilité d'un régime meilleur par suite de la réciprocité diplomatique ou législative' (v. la note précédente). Loi autrichienne du
16 décembre 1906 ; loi française du 20 juillet 1886 sur la caisse nationale des retraites pour la vieillesse et projet de loi sur les retraites
ouvrières ; le projet admet aussi la réciprocité diplomatique (v. la note
précédente). Seule la loi roumaine du 20 avril-2 mai 1895 établit l'admission des ouvriers étrangers au versement des cotisations aux caisses
de secours et de retraites, sans aucune restriction ; comme on le verra

Cette froideur si marquée à l'égard de l'étranger se comprend et s'explique par des considérations budgétaires et des nécessités pratiques impérieuses. Les retraites ouvrières sont, pour toutes les nations, une très lourde charge ; elles grèvent leurs budgets dans des proportions considérables ; elles amènent, pour les Etats qui pratiquent le système de la capitalisation (1), une accumulation énorme de capitaux qui peut être une gêne très lourde pour le crédit du pays. On voit actuellement en France les difficultés presque insurmontables que rencontre le gouvernement pour établir les retraites ouvrières. On comprend aisément que, dans ces conditions, les différents pays aient une tendance qu'on ne saurait blâmer : celle de restreindre le plus possible le

---

par la suite de ces explications, c'est là une solution généreuse, mais qui présente bien des dangers et peut faire naître bien des complications.

1. On sait que la lutte est très vive, en ce qui concerne l'organisation financière des retraites entre les partisans de la *répartition* et ceux de la *capitalisation*. La *répartition* consiste à ne répartir entre les personnes tenues aux versements et cotisations que les rentes allouées dans l'année précédente, augmentées d'un tant pour cent affecté à la constitution d'un fonds de réserve : c'est le système suivi par la législation allemande dans ses assurances sociales en général. La *capitalisation* consiste à constituer chaque année, par le groupement des cotisations des personnes tenues aux versements, une somme correspondante au capital nécessaire au service des rentes créées au cours de l'année précédente : c'est le système autrichien des assurances sociales. — On reproche au premier système d'être celui de l'imprévoyance ; on fait remarquer, d'autre part, à l'encontre du second qu'il aboutit à une accumulation énorme de capitaux, dont le placement peut donner lieu aux plus graves mécomptes. Comp. P. Pic. *Traité de législ. industr.*, 3ᵉ éd. nᵒ 1055, p. 822 et s.

nombre des parties prenantes. De là l'éviction de l'é-
tranger, tantôt absolue, tantôt partielle et plus ou moins
déguisée.

## Secton III

### Conflits de lois et conventions internationales

Malgré la prudence bien compréhensible des gouvernements sur la question des retraites ouvrières, les
lois sociales qui les concernent ne sauraient garder un
caractère strictement territorial. Dans les rapports des
pays limitrophes, notamment dans ceux de la France
avec la Belgique et avec l'Italie, où la pénétration
réciproque des ouvriers est incessante et répétée, il
paraît bien difficile de donner à ces lois une portée
extraterritoriale ; le faire serait d'ailleurs malhabile,
car ce serait s'exposer à des mesures de rétorsion. D'autre part, l'équité est froissée du fait d'un étranger ayant
par exemple contribué aux retraites dans un pays pendant vingt ans et qui s'en trouverait frustré parce qu'il
serait retourné dans son pays d'origine pendant les
trois dernières années nécessaires pour avoir droit à la
retraite. On comprendrait ici, si l'on raisonne en pure
équité, qu'une créance naisse de ce chef au profit du
pays d'origine de l'ouvrier contre l'autre pays. Même
dans cette matière des retraites ouvrières, des effets
extraterritoriaux devront se produire et là encore des

conventions internationales seront bientôt nécessaires.

Prenons l'hypothèse d'un ouvrier qui ayant travaillé dans deux pays différents, en France et en Belgique par exemple, y aurait fait des versements suffisants pour que, cumulés, ils puissent donner droit à une retraite. Dans l'un ou l'autre pays pris individuellement, il ne peut rien réclamer tandis que si l'on pouvait combiner ses versements il aurait droit à une retraite. Evidemment le caractère strictement territorial et d'ordre public de ces lois ne permet pas aux administrations soit française, soit belge, de faire un pareil cumul sans conventions préalables ; l'économie financière des deux caisses pourrait être détruite par de semblables combinaisons. Seul un arrangement international pourra trancher ces difficultés, et nous espérons que cet accord se réalisera quand la législation des retraites ouvrières aura été mise en vigueur dans notre pays.

Une autre solution pourrait s'envisager. On conçoit très bien une loi de retraites ouvrières déclarant que les années passées par un ouvrier national à l'étranger compteront dans le nombre de celles requises pour donner ouverture à la pension si cet ouvrier, quoique travaillant à l'étranger, a continué à effectuer des versements à la caisse des retraites de son pays d'origine. C'est dans cette voie qu'est orientée la loi vaudoise du 2 mars 1907.

Mais il faudrait se garder de croire que cette réglementation puisse être strictement nationale. Supposons que l'ouvrier vaudois aille travailler dans un pays qui, comme l'Allemagne, soumet obligatoirement l'étranger à l'assurance contre l'invalidité et la vieillesse Il est nécessaire, ici encore, qu'une convention internationale intervienne, sans quoi l'ouvrier pourrait se trouver astreint à payer une double cotisation, ce qui serait manifestement exagéré.

La voie des ententes internationales est d'ailleurs déjà ouverte. Le traité de travail franco-italien de 1904 a posé les principes d'un arrangement qui n'est pas encore intervenu puisque la loi sur les retraites ouvrières n'est pas encore promulguée en France, mais qui ne manquera pas d'être signé dès la promulgation de cette loi.

Quoi qu'il en soit, voici dans quels termes les principes sont déjà posés :

« Article premier. — a) .... ;

« b) Les deux gouvernements faciliteront, par l'entremise tant des administrations postales que des caisses nationales, le versement des cotisations des Italiens résidant en France à la Caisse nationale de prévoyance d'Italie, et des Français résidant en Italie, à la Caisse nationale des retraites de France. Ils faciliteront de même le paiement en France des pensions acquises soit par des Italiens, soit par des Français à la Caisse nationale italienne, et réciproquement.

« c) L'admission des ouvriers et employés de nationa-

lité italienne à la constitution de retraites de vieillesse
et peut-être d'invalidité, dans le régime général des retraites ouvrièses actuellement élaboré par le Parlement
français, ainsi que la participation des ouvriers et employés de nationalité française au régime des retraites
ouvrières en Italie, seront réglées aussitôt après le vote
de dispositions législatives dans les pays contractants.

« La part de pension correspondant aux versements
de l'ouvrier ou employé, ou aux retenues faites sur son
salaire sera acquise intégralement.

« En ce qui concerne la part de pension correspondant
aux contributions patronales, il sera statué par l'arrangement, dans des conditions de réciprocité.

« La part de pension à provenir éventuellement de
subventions budgétaires sera laissée à l'appréciation
de chaque Etat et payée sur ses ressources à ses
nationaux ayant acquis une retraite dans l'autre pays.

«Les deux Etats contractants faciliteront par l'entremise tant des administrations postales que de leurs
caisses de retraites, le paiement en Italie des pensions
acquises en France, et réciproquement.

« Les deux gouvernements étudieront pour les ouvriers
et employés ayant travaillé successivement dans les
deux pays pendant les périodes minima à déterminer,
sans remplir dans aucun des deux les conditions requises pour les retraites ouvrières, un régime spécial
d'acquisition de retraite. »

# CHAPITRE IV

## L'ASSURANCE CONTRE LE CHOMAGE

On a dit souvent que l'assurance contre le chômage
était comme la clef de voûte des autres assurances
sociales, parce que seule elle permet à l'ouvrier privé
de ses ressources par un chômage involontaire de continuer à toucher une partie de son salaire qui lui permet-
tra justement d'alimenter les autres assurances sociales créées à son profit. Mais on sait la difficulté qui
confine presque à l'impossibilité d'organiser l'assurance
contre le chômage et on connaît également les tentatives intéressantes suivies d'échecs retentissants en
cette matière (1).

Là n'est pas l'objet de notre étude ; ce que nous
nous proposons d'étudier ici, ce sont seulement les
problèmes de droit international que peut faire naître
cette forme d'assurance qui se manifeste aujourd'hui,

---

1. V. sur tous ces points et aussi pour la littérature assez abondante
sur cette matière, P. Pic, *Traité de législation industr*. 3ᵉ éd., p. 1087 et
suiv. — *Adde :* Louis Varlez, *Publications et initiatives récentes en matière
de chômage*, et Dʳ Léo, *Les derniers essais d'assurance contre le chômage*,
dans le *Bull. comm. perm. acc. du trav.*, 1908, p. 11 et 35.

dans les pays qui l'ont organisée (d'une façon plus
ou moins rudimentaire d'ailleurs), — à l'exemple du
fonds de chômage de la ville de Gand, — par des subventions allouées par l'Etat, les municipalités et autres
groupements aux syndicats ouvriers ou sociétés qui
pratiquent l'assurance contre le chômage, en majorant
dans une certaine mesure les allocations que ces syndicats ou sociétés tirent de leurs propres ressources.

## SECTION I

### Les législations

Des essais d'assurance contre le chômage obligatoire ou facultatif ont été tentés ou sont mis en œuvre dans différents pays. Nous allons les passer en
revue :

*Allemagne.* — L'Allemagne a renoncé à organiser
l'assurance contre le chômage par voie de réglementation générale ; mais certaines villes ont pris l'initiative de créer des caisses d'assurances contre ce risque
social. C'est tout d'abord Cologne en 1896, puis Leipzig en 1902. Ces caisses, d'après leurs statuts, ne
reçoivent comme assurés que les ouvriers ayant habité
la ville pendant deux ans au moins sans interrup-
tion (1).

---

1. *Bull. de l'Office du trav. franç.*, 1903, p. 1010.

*Angleterre.* — Une loi du 11 août 1905 y a organisé des comités de secours pour les chômeurs (1); elle est applicable dans tout le royaume pour une période de trois ans et contient des dispositions spéciales à Londres et d'autres applicables au reste du royaume. A Londres, on écarte. sans autre examen, les demandes des chômeurs qui n'ont pas au moins un an de résidence dans cette ville.

*Belgique.* — La ville de Gand a imaginé le procédé des subventions aux caisses de chômage ; ce fonds de chômage très prôné (2) et qui a donné, d'ailleurs, d'excellents résultats, a été imité à Liège, puis à Anvers.

*Danemark.* — Une loi sur les subventions de l'Etat aux caisses de chômage y a été promulguée le 9 avril, 1907 (3).

*France.* — En France les subventions peuvent être versées par l'Etat aux caisses de chômage. Cette législation se trouve dans un important décret du 9 septembre 1905 modifié les 20 avril et 31 décembre 1906 et le 3 décembre 1908. De nombreuses caisses de chômage ont été créées par les municipalités ou par les départements (4). Ces différents textes ne font aucune

---

1. *Bull. de l'Off. du trav. franç.*, 1905, p. 914.

2. V. Varlez. *L'assurance contre le chômage à Gand.*

3. *Bull. de l'Off. du trav. franç.*, 1907, p. 1083. — *Bull. com. perm acc. du trav.*, 1908, p. 242.

4. V. sur l'organisation des Caisses de chômage des différents départements et villes. sur leurs règlements intérieurs et leurs statuts : *Bull. de l'Off. du trav. franç.*, 1906, p. 1127; 1907, p. 667, 807, 920, 1055;

allusion à la nationalité des chômeurs ; certains statuts, et en particulier ceux de la caisse de la ville de Roubaix, exigent une résidence effective de six mois dans la ville et un stage de six mois dans la société à laquelle les chômeurs appartiennent.

D'après le recensement professionnel du 24 mars 1901, le nombre des chômeurs de nationalité étrangère, à la date du recensement, était de 19.254, soit 6,3 0/0 du nombre total des chômeurs et 4,4 0/0 du nombre des ouvriers et employés étrangers (1).

*Norvège.* — Il y existe une loi du 12 juin 1906 (2), sur les subventions de l'Etat aux caisses de chômage, modifiée le 25 juillet 1908 (3). Aux termes de cette loi, toutes les caisses norvégiennes de chômage satisfaisant aux conditions requises peuvent obtenir de l'Etat le remboursement du quart des secours de chômage qu'elles paient à leurs membres ; ces membres doivent être citoyens norvégiens, ou avoir séjourné depuis cinq ans ans le pays et y être actuellement domiciliés.

*Suisse.* — Une expérience fameuse d'assurance obligatoire contre le chômage y fut faite en 1895 à Saint-

---

1908, p. 553. V. en particulier sur les statuts de la caisse de Roubaix : *Bull. de l'Off. du trav. franç.*, 1908, p. 555 et *Bull. Comm. perm. acc. trav.*, 1908, p. 452.

1. *Bull. de l'Off. du trav. franç.*, 1906, p. 699 et 1127.
2. V. la traduction de cette loi dans le *Bull. Comm. perm. acc. trav.*, 1907, p. 318.
3. *Ibid.*, 1908, p. 605.

Gall ; l'échec fut complet au bout de deux ans (1). —
Dans le canton de Bâle-Ville, en 1900, une même expérience fut tentée : elle fut repoussée par le referendum
populaire, mais une caisse d'assurance libre a été fondée le 15 avril 1901 (2) ; des caisses libres fonctionnent
aussi à Berne depuis 1893 et à Zurich depuis 1902 (3).

## Section II

### Conditions des étrangers

Si l'on se reporte aux différentes législations que
nous venons d'examiner, on voit qu'elles ne font pas,
sauf la loi norvégienne du 12 juin 1906, mention des
étrangers. Elles restent muettes. Que faut-il conclure
de ce silence ? Les étrangers sont-ils admis ou écartés
en cette matière ?

Théoriquement, il paraît difficile de refuser à des
étrangers le droit à des secours en cas de chômage.
« La maladie, l'indigence n'ont pas de nationolité, elles
ont droit à être secourues partout où elles existent réel-
lement (4). » C'est ce principe qui nous semble découler
de l'admission des étrangers aux caisses de chômage.
Il paraît être suivi dans les différentes législations qui

---

1. V. une série d'études de M. Jay sur l'assurance de Saint-Gall dans
la *Revue polit. et parlem.* de 1894 à 1897.
2. *Bull. de l'Off. du travail franç.*, 1902, p. 31.
3. *Bull. de l'Off. du trav. franç.*, 1902, p. 31.
4. Weiss. *Traité de dr. intern. privé*, t. II, p. 137.

ont organisé cette assurance, avec d'ailleurs les précautions indispensables pour empêcher les abus. Toutes organisent, en effet, un stage nécessaire, plus ou moins long, pour être admis au secours : il est inutile de justifier longuement cette exigence. En Allemagne, à Cologne et à Leipzig, le stage est de deux ans; à Londres, d'un an; en France, de six mois à un an ; en Norvège de cinq ans; à Zurich, de neuf mois ; mais partout, c'est là la seule condition exigée.

Toutes ces législations impliquent donc par cela même l'admission de l'étranger, dès qu'il justifie de ce stage obligatoire. C'est en effet la pratique suivie en France où tous les ouvriers, sans distinction de nationalité, sont admis aux secours. C'est également le système norvégien, puisque la loi du 12 juin 1906, si elle exige en principe que les adhérents aux caisses soient norvégiens, admet aussi au bénéfice des secours ceux qui ont « séjourné cinq ans dans le pays et y sont actuellement domiciliés », c'est bien le cas de l'étranger.

A Zurich enfin, on admet les chômeurs étrangers à participer aux secours. Ce point ne peut faire de doute, car voici ce qu'on lit dans un rapport du consul de France à Bâle : « On a constaté que la disproportion entre les chômeurs étrangers et les nationaux s'accentuait d'année en année, en faveur des premiers, la générosité des caisses Zurichoises les poussant à venir se réfugier dans la ville. Aussi exigea-t-on des

participants aux caisses de secours la justification
d'un établissement de neuf mois (1). »

## Section III

### Conflits de lois et traités

On conçoit difficilement, dans la matière dont nous nous
occupons des conventions de droit international relatives à l'assurance contre le chômage. Tout d'abord, la
forme même de cette assurance est trop rudimentaire
pour qu'on puisse songer à l'organiser entre les Etats.
On n'a pas pu encore trouver sa forme interne et nationale; comment, dès lors, concevoir déjà sa formule internationale ?

D'autre part, l'institution elle-même se prête difficilement à des problèmes internationaux, car elle suppose une organisation strictement nationale. On conçoit toutefois que les différents Etats qui pratiquent
l'assurance contre le chômage puissent s'engager, par
voie de règlements internationaux, à se rembourser
mutuellement les frais de chômage que chacun d'eux
aurait avancés au profit des nationaux de l'autre ; ce
serait quelque chose d'analogue au recours qui existe
entre les départements français pour les hospitalisés.
Mais cela suppose résolue la question de savoir si les

---

1. Rapporté dans l'*Off. du trav. franç.*, 1902, p. 31.

Dupré         7

étrangers peuvent être dans le pays qui pratique l'assurance contre le chômage admis à toucher des secours.

Nous avons déjà vu que théoriquement il n'y a pas de raisons de refuser ce droit à ceux qui ont justifié d'un certain stage. Nous avons même vu que cette solution était appliquée pratiquement en France. Mais y a-t-il sur ce point des conventions internationales ?

A notre connaissance, il n'en existe aucun si ce n'est le traité de travail franco-italien du 15 avril 1904. Encore ne contient-il qu'une promesse, celle d'un règlement à établir éventuellement.

Aux termes de l'article I dudit traité :

« Des négociations seront engagées à Paris, après la ratification de la présente convention, pour la conclusion d'arrangements fondés sur les principes énoncés ci-après et destinés à régler le détail de leur application :

« ... L'admission des ouvriers et employés italiens en France à des institutions d'assurance ou de secours contre le chômage subventionnées par les pouvoirs publics, l'admission des ouvriers et employés français en Italie aux institutions de même nature seront réglées, le cas échéant, après le vote dans les deux pays de dispositions légales relatives à ces institutions. »

Les constatations que nous avons faites de l'identité de traitement entre les étrangers et les nationaux en France rendaient inutile ce traité pour les Italiens travaillant en France. Mais il pourra avoir son utilité pour les Français travaillant en Italie.

# CHAPITRE V

## L'ASSURANCE CONTRE LA MALADIE

L'aide mutuelle en cas de maladie est très ancienne et s'est manifestée de bonne heure. Actuellement elle est surtout réalisée par les sociétés de secours mutuels ; mais le problème est plus large et il y a lieu de se demander si, ici encore, l'Etat ne doit pas intervenir et assurer à l'ouvrier des secours contre la maladie, soit par une intervention indirecte, soit même par une intervention directe et au moyen, soit d'une caisse d'Etat, soit de caisses locales ou professionnelles. L'idée, comme on va le voir, n'a pas reçu encore, sous cette forme générale, de bien nombreuses applications (1).

### SECTION I

### Les législations

*Allemagne.* — C'est cette puissance qui a inauguré

---

1. Nous ne nous occuperons ici que de la maladie pure et simple ; nous laisserons de côté la maladie professionnelle qui se rattache à la matière des accidents du travail.

erégi me de l'assurance contre la maladie avec sa
grande loi du 13 juin 1883 (1), modifiée les 10 avril
1892 (2) et 30 avril 1903 (3) et refondue dans le système général des lois d'assurances sociales le 30 juin
1900. Ces lois ainsi, que celle du 5 mai 1886 qui régit
l'assurance contre la maladie en faveur des ouvriers de
l'agriculture (4), soumettent obligatoirement au régime
de l'assurance qu'elles organisent les étrangers comme
les nationaux sans aucune distinction (5). L'article 1
de la loi du 13 juin 1883 parle, en effet, des « personnes qui sont occupées », expression très large qui comprend certainement les étrangers et dont la valeur
n'est pas restreinte par la disposition de l'article 28
de ladite loi, modifié en 1892, qui décide que le droit
aux secours minima légaux pendant la durée du chômage
dû à la maladie « s'éteint si l'intéressé ne réside pas
sur le territoire de l'Empire allemand, à moins que des
exceptions ne soient prévues par les statuts ».

Remarquons, en effet, que la mot intéressé employé
par le législateur dans l'article 28 s'applique aussi bien
au national qu'à l'étranger (6) ; il est seulement vrai-

---

1. Traduite dans Bellom. *Les lois d'assurance ouvrière à l'étranger*.
*Assurance contre la maladie*, p. 309.

2. Bellom, *op. cit.*, p. 593.

3. *Bull. com. perm. accid. du trav.*, 1903, p. 126.

4. Bellom, *op. cit. Assurances contre les accidents*, 3ᵉ partie, p. 1406.

5. *Sic :* Lemonon. « La situation juridique des ouvriers étrangers en
Allemagne ». *Rev. dedr. int. privé*, 1908, p. 385.

6. *Sic :* Lemonon, *op. et loc. cit.*

semblable que ce sera plutôt l'étranger que le national qui, en temps de chômage dû à la maladie, sera amené à quitter le territoire allemand.

*Autriche*. — L'Autriche possède également une grande loi d'assurance du 30 mars 1888 (1) modifiée le 4 août 1889 (2). Son système d'assurance obligatoire englobe également et sans distinction de régime pour les étrangers « *tous* les ouvriers et employés ».

*France*. — La France n'a pas d'organisation générale, soit d'Etat, soit communale, contre la maladie ; elle a même laissé de côté la maladie professionnelle dans sa loi d'assurance contre les accidents du travail. Sans doute, on trouve bien en France quelques sociétés d'assurances assez rares, d'ailleurs, qui font l'assurance contre la maladie ; mais ce sont là des organisations privées. La seule tentative d'ordre général en ce sens a été faite dans les sociétés de secours mutuels qui assurent à leurs membres des secours au cas de maladie (3).

*Hongrie*. — L'assurance contre la maladie y fut d'abord organisée par la loi du 14 avril 1891 (4) ; cette loi est remplacée aujourd'hui par celle du 6 avril 1907 (5) qui a, d'ailleurs, un double objet puisqu'elle

---

1. Bellom, *op. cit.*, p. 412.
2. *Ibid.*, p. 443.
3. V. le chapitre suivant.
4. Bellom. *op. cit.*, p. 526.
5. *Bull. com. perm. acc. du trav.*, 1908, p. 153.

concerne la maladie et les accidents du travail (1).
Son article 1er débute par un principe très large et ab-
solu : « Sont assujetties à l'assurance obligatoire contre les maladies, sans distinction de sexe, d'âge *ou
de nationalité* les personnes qui, sur le territoire du
pays appartenant à la Hongrie, sont occupées, à titre
permanent ou provisoire, d'une manière temporaire ou
passagère... » Les articles 4, 5 et 6 ne sont que le
développement de ce principe. Aux termes de l'article 4 : « Les ouvriers des entreprises hongroises qui
sont occupés d'une façon permanente à l'étranger, mais
qui sont de nationalité hongroise, sont soumis à l'obligation d'assurance... sauf dans le cas où, en vertu des
lois du pays où ils sont occupés, ils sont déjà assurés... »

D'après l'article 5 : « Les ouvriers étrangers employés dans des établissements hongrois sont assimi-
lés aux ouvriers hongrois en ce qui concerne l'assurance contre la maladie, dans tous les cas... » Enfin
l'article 6, prévoyant l'hypothèse d'un établissement
s'étendant sur le territoire de deux Etats, dispose que
« les entreprises dont les établissements s'étendent au
delà des frontières du pays ne sont soumises à l'obligation d'assurance que dans un seul Etat, le siège de l'entreprise décidera à ce sujet... ». Les articles 60 et 61

---

1. La loi a pour objet non seulement les maladies professionnellec
dont nous ne nous occupons pas ici, mais le risque de maladie en général,

mettent comme condition au droit aux secours l'obligation de rester sur le territoire de la Hongrie.

*Luxembourg*. — L'assurance contre la maladie y est
organisée par la loi du 31 juillet 1901 (1) complétée par
celle du 21 avril 1908 (2). Cette loi ne contient aucune
disposition relative aux ouvriers étrangers. Toutefois
les termes absolus de son article 1 paraissent bien
indiquer qu'elle s'applique aux étrangers aussi bien
qu'aux nationaux.

*Suisse*. — L'assurance contre la maladie y est organisée par une loi fédérale du 5 octobre 1899 (3). Son
article 1 déclare obligatoirement assurés contre la
maladie « toutes les personnes travaillant au compte
d'autrui » et il ajoute, après avoir posé ce principe :
« Toute entreprise étrangère possédant en Suisse une
succursale ou y exécutant des travaux importants est
assimilée aux entreprises qui ont leur siège en Suisse,
quant aux personnes employées dans cette succursale
ou ces travaux. Les personnes visées aux alinéas 1 et 2
ci-dessus restent assurées, alors même qu'elles travaillent passagèrement à l'étranger, au compte d'employeurs
qui ont leur siège en Suisse. »

Avant cette loi fédérale, une loi du canton d'*Appenzele*

---

1. *Bull. comm. perm. acc. du trav.*, 1901, p. 302.
2. *Ibid.*, 1908, p. 341.
3. *Bull. comm. perm. acc. trav.*, 1899, p. 451. V. une étude sur cette
loi par M. Kœchlin, *ibid.*, 1899, p. 542.

sur l'obligation pour les personnes y séjournant de participer aux sociétés d'assurances contre la maladie, en date du 22 mars 1887 (1), présentait déjà sur cette matière des particularités intéressantes. On lit en effet dans le préambule : « Considérant que le devoir de venir en aide, par des secours de maladie ou des indemnités funéraires, aux indigents *qui appartiennent à d'autres cantons ou états* incombe, en vertu de l'article 1 de la loi fédérale du 22 juin 1875, aux communes dans lesquelles surviennent ces cas de maladie ou de décès... » Partant de ce principe, la loi décide que « les communes ont le droit d'obliger toutes les personnes en séjour dans la commune à participer à une société d'assurances contre la maladie ».

Dans le canton de *Saint-Gall*, une loi du 19 janvier 1885 (2) décidait également, dans son article 1 qu'une caisse de maladie obligatoire pour « toutes les personnes en séjour » devait être instituée dans chaque commune.

## Section II

### Conditions des étrangers

L'examen des législations nous montre que toutes celles qui organisent l'assurance contre la maladie y admettent aussi bien les étrangers que les nationaux ;

---

1. Bellom, *op. cit.*, p. 553.
2. Bellom, *op. cit.*, p. 554.

toutes considèrent que ces lois ont le caractère d'ordre public qui les font s'appliquer sans distinction à tous ceux qui habitent le territoire.

Ce caractère, que nous retrouvons ainsi partout, s'explique aisément. La maladie présente un caractère d'urgence qui empêche toute discussion : l'humanité exige que les pouvoirs publics interviennent le plus rapidement possible. En ceci, d'ailleurs, l'humanité se rencontre avec l'intérêt même de l'Etat : une intervention immédiate peut être la sauvegarde de la nation, car la maladie peut prendre un caractère épidémique. On ne conçoit donc pas dans cette matière de discussion sur le caractère national ou étranger du malade.

## Section III

### Conflits de lois et traités

Certaines législations vont même plus loin et elles donnent en cette matière à la loi un caractère même extraterritorial.

Les dispositions de la loi hongroise du 6 avril 1907 sont à cet égard particulièrement intéressantes et pourraient être utilisées par les autres législations légiférant sur la matière. Cette loi attache le caractère d'ordre public non pas seulement au fait de la maladie survenue sur son territoire, mais encore au fait du contrat conclu par un national ; sa loi le suit même à l'étranger. L'ouvrier hongrois reste toujours assuré obligatoirement en Hongrie contre la maladie, à la seule condition qu'il soit employé par une industrie hongroise ; peu importe qu'il travaille en Hongie ou à l'étranger et même, dans ce dernier cas, qu'il soit employé d'une façon temporarire ou permanente. Toutefois, dans cette dernière hypothèse, la loi réserve les stipulations diplomatiques possibles, en décidant que son national cessera d'être assuré en Hongrie si la loi étrangère prévoit elle-même son assurance. Il ne faut pas qu'il puisse cumuler, et, d'autre part, la loi longroise n'a plus à défendre son national puisqu'elle est assurée qu'il est suffisamment défendu par la loi du territoire où il se trouve.

La loi fédérale suisse du 5 octobre 1899 a suivi le même principe ; mais, moins libérale que la loi hongroise, elle restreint sa protection à son national résidant à l'étranger d'une façon temporaire seulement.

Il n'y a pas encore, sur la matière qui nous occupe, de traités conclus entre des nations ; cela s'explique parce que l'assurance contre la maladie est tout à fait à ses débuts.

Ces conventions ne seraient pas inutiles au cas où certaines lois viendraient poser en cette matière le principe de la réciprocité diplomatique ; on pourrait aussi, croyons-nous, étudier les répercussions financières internationales de l'assurance contre la maladie à l'égard des étrangers ; cette assurance est de nature en effet, à créer des dettes entre les différents Etats, exactement comme, par exemple, les dettes d'hospitalisation entre les différents départements au cas d'assistance et de domicile de secours.

# CHAPITRE VI

## LES SOCIÉTÉS DE SECOURS MUTUELS

On a souvent fait remarquer que la société de secours mutuels est l'institution centrale, *pivotale*, comme disait Fourier, de toutes les institutions d'assurance et de prévoyance ou, comme le disait Léon Say dans son rapport général sur l'économie sociale de l'Exposition de 1889, « la cellule embryonnaire autour de laquelle toutes les autres sociétés de prévoyance doivent se grouper ». Elle poursuit, en effet, les buts les plus divers: elle assure ses membres non seulement contre la maladie, mais aussi contre la retraite et même contre le chômage ; beaucoup ont pour but l'épargne ; presque toutes enfin, en France du moins, pratiquent l'assistance charitable, puisqu'elles doivent une partie de leurs ressources aux libéralités de membres honoraires (1).

Les sociétés de secours mutuels sont aujourd'hui régies en *Belgique* par la loi du 23 juin 1894, modifiée

1. Ch. Gide, *op. cit.*, p. 269.

pàr celle du 19 mars 1898 (1) ; en *Grande-Bretagne*, sous le nom de *friendly societies*, par la loi du 7 août 1896 (2) ; en *France*, par la loi du 1er avril 1898 complétée par celle du 5 décembre 1908 ; en *Italie*, par celle du 15 avril 1886 (3). En *Allemagne* et en *Autriche-Hongrie*, les mutualités sont englobées dans le réseau des assurances obligatoires que nous avons déjà vu fonctionner, du moins en ce qui concerne les étrangers.

Ces diverses législations, abstraction faite de ce que nous avons déjà dit pour l'Allemagne et l'Autriche-Hongrie, ne contiennent aucune disposition relative aux étrangers, sauf la loi française — comme nous l'avons dit tout à l'heure dans une étude spéciale — et la loi belge qui, après avoir déclaré que les mandataires ou administrateurs] des sociétés de secours mutuels doivent être Belges et majeurs, ajoute : « Toutefois le gouvernement, la commission permanente entendue, peut accorder une dispense personnelle quant à l'indigénat de celui qui est candidat pour le conseil d'administration. »

Nous concluons de ce silence, pour les motifs que nous avons déjà eu l'occasion de développer au sujet des autres assurances que les étrangers sont admis,

---

1. *Annales de législation étrangère*, 1895, p. 520 et 1899, p. 448.
2. *Ibid.*, 1897, p. 14.
3. *Ibid.*, 1887, p. 401.

comme les nationaux, dans les sociétés de secours mutuels. Bien mieux, les dispositions de la loi française
montrent qu'elle admet des sociétés de secours mutuels
formées uniquement entre étrangers : elle leur fait,
d'ailleurs, un régime spécial qui se comprend aisément
et que nous étudierons plus en détail.

Sans doute les statuts de sociétés de secours mutuels
peuvent décider expressément que les étrangers ne
seront pas admis parmi leurs membres ; c'est là une
stipulation licite qui n'a rien de contraire aux lois ni à
l'ordre public ; mais, à défaut d'une disposition statu-
taire formelle, l'admission de l'étranger est de droit.
Les difficultés d'ordre international privé qui pourraient se présenter au regard du règlement des indemnités seront tranchées conformément aux règles générales du droit international privé sur les contrats,
puisqu'il s'agit ici d'un contrat de société.

*Etude spéciale de la législation française.* — La
loi du 1er avril 1898 contient dans ses articles 3 et 26
des dispositions relatives aux étrangers. L'article 3
déclare, en effet, que « l'administration et la direction
des sociétés de secours mutuels ne peuvent être con-
fiés qu'à des Français majeurs... », et il ajoute plus
loin : « Les sociétés de secours mutuels constituées
entre étrangers ne peuvent exister qu'en vertu d'un
arrêté ministériel toujours révocable ; par exception,
elles peuvent choisir leurs administrateurs parmi leurs
membres. »

L'arrêté ministériel est, comme on le voit, toujours révocable si les sociétés d'étrangers, dans leurs réunions, ne se bornaient pas strictement au rôle qui leur est assigné et si leurs membres étrangers prêtaient à des observations de la part des autorités compétentes. Il ne faut pas qu'à l'abri de la mutualité, notamment dans les départements voisins de la frontière, des étrangers puissent se grouper et se concerter dans un but hostile au pays. Des groupements de ce genre manqueraient à leurs devoirs les plus élémentaires s'ils profitaient de l'hospitalité qui leur est accordée pour se livrer à des manœuvres tendant à créer des embarras extérieurs ou intérieurs au gouvernement de la République.

Avant la promulgation de la loi actuelle de 1898, les administrateurs des sociétés de secours mutuels constituées entre étrangers devaient être français. La loi actuelle autorise, par exception, ces sociétés à se faire administrer par leurs membres. Toutefois, en pratique, on s'assure toujours si leurs chefs résident bien dans la localité où est établi leur siège social et s'ils sont régulièrement affiliés. Cette précaution est nécessaire pour éviter les inconvénients qui pourraient résulter d'une surveillance insuffisante.

Aux termes d'un avis du Conseil d'Etat du 28 décembre 1899, les sociétés de secours mutuels constituées entre étrangers, quand elles ont été autorisées par arrêté ministériel, jouissent des droits reconnus aux sociétés libres, mais ne sauraient prétendre aux avantages conférés par la loi aux sociétés approuvées (1).

Cet avis est ainsi conçu :

« La section de l'Intérieur, des Cultes, de l'Instruction publique et des Beaux-Arts du Conseil d'Etat, consultée par M. le ministre de l'Intérieur et des Cultes sur la question de savoir si les sociétés de secours mutuels « constituées entre étrangers », quand elles ont été autorisées par arrêté ministériel, peuvent être assimilées aux sociétés approuvées ; — Considérant qu'en vertu de l'article 16 de la loi du 1er avril 1898, toute société libre régulièrement constituée, qui a fait approuver ses statuts par arrêté ministériel, a droit aux avantages accordés par la loi aux sociétés approuvées ; que l'approbation du ministre ne peut être refusée que pour des motifs déterminés et sauf recours au Conseil d'Etat ; — Que, d'autre part, l'approbation une fois donnée ne peut être retirée que dans des cas limitativement énumérés et sous réserve du pourvoi que la société peut former devant l'autorité compétente (art. 30) ; — Considérant que tout autre est le régime consacré par la loi pour les sociétés constituées entre étrangers ; — Considérant d'une part, qu'aux termes des articles 3 et 4, ces sociétés ne peuvent exister qu'en vertu d'un arrêté ministériel qui n'est susceptible d'aucun recours et qui est toujours révocable ; — Considérant, d'autre part, qu'on ne saurait admettre en l'absence d'un texte formel, que la loi ait entendu faire bénéficier des sociétés fondées uniquement dans l'intérêt des

---

1. *Journal du droit international privé*, 1904, p. 225.

Dupré                                                                          8

étrangers, soumises à des influences et à une direction étrangère, des avantages concédés par les articles 16 et suivants, titre III, aux sociétés approuvées : personnalité civile presque complète, droit à un local gratuit pour leurs réunions, exemption des droits de timbre et d'enregistrement, allocation du taux de 4 fr. 50 0/0, etc., — Considérant que le législateur de 1898, tenant compte que l'intérêt que peuvent présenter les groupements mutualistes purement étrangers leur assure, en France, l'existence légale, le droit de s'administrer, la faculté d'accepter des dons et legs mobiliers. leur accordant ainsi de précieuses libertés, et que rien n'indique de sa part la volonté de leur concéder les privilèges établis pour nos nationaux, et auxquels des sociétés étrangères ne sauraient légitimement prétendre ; — Considérant que, si l'article 26 porte que les subventions de l'Etat, en vue de la retraite, par livret individuel, profiteront aux étrangers lorsque leur pays d'origine aura garanti par traité des avantages équivalent à nos nationaux, cette disposition, uniquement applicable aux étrangers qui font partie des sociétés régulièrement approuvées et régies par le titre III, dans lequel est compris ledit article 26, ne pourrait être étendue par analogie aux sociétés constituées entre étrangers, que la loi de 1898, ainsi qu'il est dit ci-dessus a soumises à un régime spécial.

Est d'avis : que les sociétés de secours mutuels constituées entre étrangers, quand elles ont été autorisées par arrêté ministériel, jouissent des droits reconnus aux sociétés libres, mais ne sauraient prétendre aux avantages conférés par la loi aux sociétés approuvées.

L'article 26 de la loi de 1898 s'occupe des subventions de l'Etat, en vue de la retraite par livret individuel et dispose que ces subventions « profiteront aux étrangers lorsque leur pays d'origine aura garanti par un traité des avantages équivalents à nos nationaux ».

Aux termes du même article « les pensions allouées sur le fonds commun ne pourront être servies aux étrangers que dans le cas où il résideront sur le territoire français ».

Ainsi, pour que la pension des étrangers soit liquidée sur le livret individuel qui leur donne le droit d'emporter chez eux le capital constitutif de cette pension et d'en faire bénéficier leurs familles après leur décès, la loi de 1898 décide que leur pays d'origine devra, dans l'espèce, avoir une législation équivalente à la nôtre, de manière que nos nationaux y résidant puissent y trouver des avantages réciproques.

D'autre part, le même texte exige la résidence sur le territoire français des étrangers auxquels des pensions seront allouées sur le fonds commun. Comme il n'est pas spécifié si ces pensions seront prélevées sur le fonds commun inaliénable ou sur le fonds commun disponible, il faut en conclure que ce cas s'applique à l'un et à l'autre. En conséquence, l'administration doit veiller à ce qu'aucune pension sur le fonds commun entier, en dehors du livret individuel et des conditions inscrites à ce texte, ne soit délivrée aux étrangers qui fixent leur résidence hors de France.

Enfin l'article 5 de la loi du 1ᵉʳ avril 1898 décide que le siège social de la société « ne peut être constitué qu'en territoire français ». Il n'est pas besoin d'insister sur les raisons qui ont fait écrire ce texte : ce n'est qu'une application du principe qui domine la loi sur les sociétés de secours mutuels, à savoir que toute cette législation constitue au premier chef une législation d'ordre public à laquelle il n'est pas permis de déroger par des conventions particulières. Cela exclut notamment la possibilité pour une société de secours mutuels formée entre étrangers de se prétendre société filiale d'une autre société constituée à l'étranger et de lui adresser des fonds pour être placés suivant la législation de la société-mère.

# CONCLUSION

Si nous essayons de résumer les enseignements que l'on peut retirer de l'étude que nous venons de faire des différentes législations relatives aux institutions d'assurance et de prévoyance sociales, du moins en ce qui concerne les ouvriers étrangers et la solution des conflits de lois qui s'y rapportent, il nous semble que, malgré les difficultés que présentent ces diverses matières, difficultés d'autant plus graves qu'elles mettent en jeu les finances des Etats, on peut néanmoins arriver à un certain nombre de conclusions assez nettes et d'une réalisation presque possible.

Le Congrès de l'Association internationale des travailleurs tenu à Bâle en 1904 émettait le vœu suivant : « Pour les droits garantis à l'ouvrier et à ses ayants cause par les législations d'assurance et de responsabilité professionnelle, il n'y a lieu d'établir aucune différence entre les bénéficiaires. Est applicable la loi du lieu de l'entreprise pour laquelle travaille l'ouvrier. »

Comme on le voit, le Congrès de Bâle tranche implicitement une question préalable très grave : celle de savoir s'il est préférable pour un Etat de résoudre les difficultés relatives aux étrangers et aux conflits de lois par la voie de la législation nationale intérieure ou s'il vaut mieux recourir à des accords internationaux. C'est ce dernier moyen qui nous paraît le plus efficace, c'est lui que préconise implicitement le vœu que nous venons de rappeler.

Si on s'en remet en effet à chacun des Etats pour trancher ces questions, il est à craindre que l'unité si désirable en ces matières ne se fasse jamais. Comme on a pu s'en rendre compte, les difficultés d'ordre international qui se rencontrent ici sont particulièrement délicates parce qu'elles sont liées étroitement à des questions économiques et surtout financières. En outre, les Etats ont entre eux des intérêts divergents : comme on l'a fait remarquer (1), les uns sont importateurs, les autres exportateurs de main-d'œuvre. Si on laisse les Etats à leur initiative, il est à redouter que ces questions ne soient jamais tranchées.

Le traité ou la convention internationale aura au contraire plus d'action ; sa discussion et sa conclusion peuvent être liées à d'autres intérêts politiques ou économiques, et les transactions d'Etat à Etat peuvent ainsi être facilitées par des concessions sur certains points rachetés par des avantages sur d'autres. D'autre part, la conclusion de pareils arrangements ne peut avoir

---

1. Barrault. *Quest. prat. de lég. industr.*, 1907, p. 378.

qu'un résultat heureux sur les rapports généraux d'E-
tats à États, et ne peut qu'amener des détentes profi-
tables au bien général du concert européen. La voie
diplomatique apparaît donc comme préférable.

Si donc nous nous rallions entièrement sur ce point
au vœu émané du Congrès de Bâle, nous nous en déta-
chons, au contraire, sur un autre point. Nous croyons
qu'il est dangereux d'élaborer comme il l'a fait une formule générale destinée à englober toutes les institutions d'assurance et de prévoyance sociales. Ces institutions, malgré leur apparente cohésion et quoiqu'elles
tendent toutes au même but, présentent dans leur conception et dans leur organisation des différences fonda-
mentales. Les intérêts en présence ne sont pas toujours
les mêmes ; les difficultés ne se présentent pas non plus
sous le même angle. Dès lors, pourquoi généraliser ?
Ne serait-ce pas d'une méthode plus heureuse et d'une
conception pratique plus aisée d'envisager isolément et
séparément chacune des institutions et de rechercher
l'unité européenne ou mondiale pour chacune d'elles
séparément ? C'est peut-être seulement une question de
méthode ; nous croyons cependant qu'elle a bien son
importance.

C'est elle que nous suivrons, sans d'ailleurs l'exagé-
rer, n'hésitant pas à réunir entre elles à l'occasion deux
ou plusieurs institutions de prévoyance ayant entre elles
des affinités plus grandes que les autres.

*Assurances sur la vie.* — Il y a d'abord une institution qui se présente avec des particularités telles qu'elle ne peut être étudiée qu'isolément au point de vue de la condition des étrangers et des conflits de lois possibles : nous voulons parler de l'assurance sur la vie et de la capitalisation.

Ici tout d'abord il s'agit de personnes morales, de grandes sociétés extrêmement puissantes, entre lesquelles la concurrence est très âpre. Peut-on traiter les sociétés étrangères comme les sociétés nationales ? Aucun Etat ne s'y résoudra, vraisemblablement. Cela se conçoit d'autant mieux que les précautions prises par l'Etat au profit de ses nationaux risqueraient d'être absolument vaines si les assurés d'un pays étaient traités de la même façon que les nationaux au cas de faillite de la société étrangère. Le problème se lie ici à celui déjà singulièrement délicat, de la faillite des sociétés en droit international. Il est à craindre que, du moins pendant longtemps encore, les différents Etats ne restent sur ce point strictement prohibitionniste.

D'autre part, comme nous l'avons montré, il est difficile, dans l'état actuel de l'assurance sur la vie dans les différentes nations, d'arriver à une unité complète en ce qui concerne le contrôle et la surveillance à exercer par l'Etat sur les compagnies d'assurances. Cependant tout accord international sur ce point n'est pas impossible ; il y a, à l'heure actuelle, comme nous l'avons déjà dit, un *minimum* sur lequel on peut s'accorder : on peut arriver à généraliser certaines mesures de

publicité et avoir ainsi une unité de tableaux et de publications entre les différents pays. Les accords sont
faciles à cet égard et en prépareront sans doute de plus
larges et plus généraux.

*Caisses d'épargne.* — Nous n'insisterons pas en ce qui
touche les caisses d'épargne, car la démonstration est
déjà faite. Les premiers accords internationaux en
matière de législation ouvrière ont été des accords sur
les caisses d'épargne (1) ; la matière est donc mûre et
les progrès sont ici faciles à réaliser.

*Sociétés de secours mutuels.* — Les sociétés de secours
mutuels ne nous arrêteront pas beaucoup non plus,
pour une autre raison. A notre sens, des conventions
internationales seraient presque inutiles en cette matière
ou, du moins, pourraient être différées ; les questions
susceptibles d'être soulevées sont en réalité des questions se rattachant à un contrat, le contrat de société,
et leur solution est facile.

*Retraites ouvrières.* —*Assurances contre le chômage.*— *Assurances contre la maladie.*— Restent enfin
les trois dernières matières, qui peuvent être groupées
ensemble parce qu'elles comportent des solutions analogues. Nous avons indiqué déjà pour quels motifs il conve-
nait d'agir en cette matière avec une extrême prudence
en ce qui concerne les étrangers : les questions financières ont une importance considérable et l'admission

---

1. Arrangement franco-belge de 1882.

des étrangers ne doit être faite qu'à bon escient. Cependant, malgré la gravité de ces raisons, nous croyons qu'un principe doit être établi et affirmé : c'est celui de l'assimilation entre l'étranger et le national.

Indépendamment des considérations humanitaires qui suffiraient à le justifier, ce principe peut encore s'expliquer par des raisons pratiques : si on exclut, en effet, l'étranger des institutions d'assurance et de prévoyance, on risque fort de le retrouver ensuite à la charge de l'assistance publique ; le problème ne serait donc par résolu par l'éviction de l'étranger, il serait seulement déplacé, et par ce déplacement sa solution ne serait pas facilitée, loin de là !

Nous croyons donc que toutes les législations feront bien de décider, par voie de dispositions internes, l'assimilation de principe de l'étranger et du national. Bien entendu, elles pourront soumettre l'étranger comme le national à des conditions de séjour dans le pays ; cela est indispensable ; mais, à notre sens, ces conditions ne devraient pas être plus dures pour l'étranger que pour le national.

Quant à la solution des conflits de lois susceptibles de s'élever, nous croyons que, ici aussi, une règle doit primer toutes les autres : c'est celle de *l'ordre public.* En toutes ces matières, les lois ont, au premier chef, un caractère d'ordre public, étant des lois de « sûreté sociale » au sens large du mot. Chaque pays ne peut donc et ne doit donc appliquer que sa loi nationale.

Mais précisément, cette solution est de nature à créer des conflits irréductibles et cela nous amène à nous poser la question de l'utilité des accords internationaux en ces matières. Nous les croyons indispensables pour plusieurs motifs. D'abord, eux seuls peuvent fournir la solution des conflits de lois irréductibles. En second lieu, il y a, quand il s'agit de paiement de rente, à se préoccuper du cas où la partie prenante quitte le territoire pour aller dans un autre pays. Comment lui assurer de façon efficace le paiement de la rente ? On sait que l'arrangement franco-italien a prévu et réglementé cette difficulté pour les retraites ouvrières. Enfin et surtout, l'admission des étrangers aux retraites ouvrières, aux caisses de chômage et aux institutions d'assurance contre la maladie sont de nature, il nous semble, à faire naître entre les Etats des créances et des dettes réciproques, exactement comme ce qui se passe en France entre les différents départements pour l'assistance publique. Nous avons déjà exprimé cette idée et nous pensons qu'il conviendrait de s'entendre sur ce qu'on pourrait appeler une *nationalité de secours*.

La meilleure preuve de la possibilité de conventions internationales en ces matières, c'est le *contrat de travail* franco-italien. Mais comme on le voit par ce qui précède, il est, à notre sens, incomplet. Nous irions plus loin que lui et nous voudrions voir notamment aborder cette question de la nationalité de secours. C'est elle qui, pour nous, est la clef de voûte en cette

matière : une fois résolue la question de la contribu-
tion financière des Etats en jeu, le reste suivrait sans
difficulté et des conventions de plus en plus précises
seraient aisément rédigées et signées.

# TABLE DES MATIÈRES

| | Pages |
|---|---|
| Introduction................................. | 5 |
| CHAPITRE I. — *Assurances sur la vie et capitalisation*.... | 13 |
| Section I. — Etude des législations étrangères........ | 14 |
| Section II. — Etude spéciale de la législation française | 25 |
| § 1. — Les sociétés étrangères d'assurances sur la vie......................................... | 25 |
| § 2. — Les conflits de lois....................... | 35 |
| § 3. — Les sociétés de capitalisation............... | 40 |
| Section III. — Le point de vue international........ | 41 |
| CHAPITRE II. — Les caisses d'épargne................. | 45 |
| Section I. — Les législations...................... | 46 |
| Section II. — Condition des étrangers.............. | 54 |
| Section III. — Conflits de lois..................... | 56 |
| Section IV. — Conventions internationales.......... | 59 |
| CHAPITRE III. — *Les retraites ouvrières*............... | 75 |
| Section I. — Les législations...................... | 75 |
| Section II. — Condition des étrangers.............. | 88 |
| Section III. — Conflits de lois et conventions internationales................................... | 91 |
| CHAPITRE IV. — *L'assurance contre le chômage*........ | 95 |
| Section I. — Les législations...................... | 96 |
| Section II. — Condition des étrangers.............. | 99 |
| Section III. — Conflits de lois et traités.............. | 101 |
| CHAPITRE V. — *L'assurance contre la maladie*.......... | 103 |
| Section I. — Les législations...................... | 103 |
| Section II. — Condition des étrangers.............. | 108 |
| Section III. — Conflits de lois et traités.............. | 109 |
| CHAPITRE VI. — *Société des secours mutuels*........... | 113 |
| Conclusion....................................... | 121 |

Imp. de la librairie GIARD et BRIÈRE, 16, rue Soufflot, Paris

)